AF309753

NEUVAINE

EN L'HONNEUR DU

Bienheureux Jean-Gabriel Perboyre

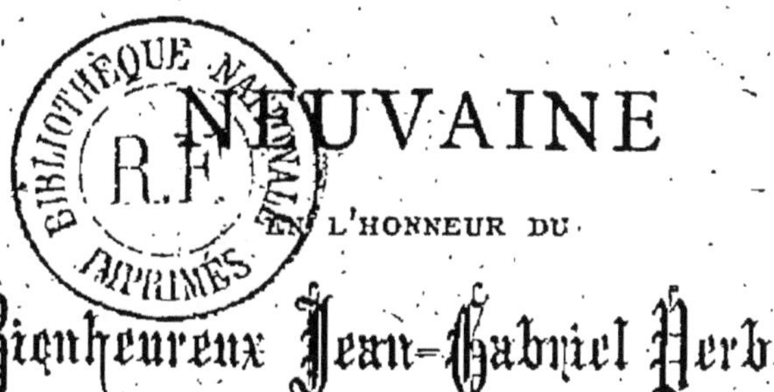

IMPRIMATUR

FAGES,

Vicarius generalis.

Parisiis, die 25 Augusti 1900.

Le Bienheureux Jean-Gabriel Perboyre,
Lazariste. — Martyr en Chine (1840).

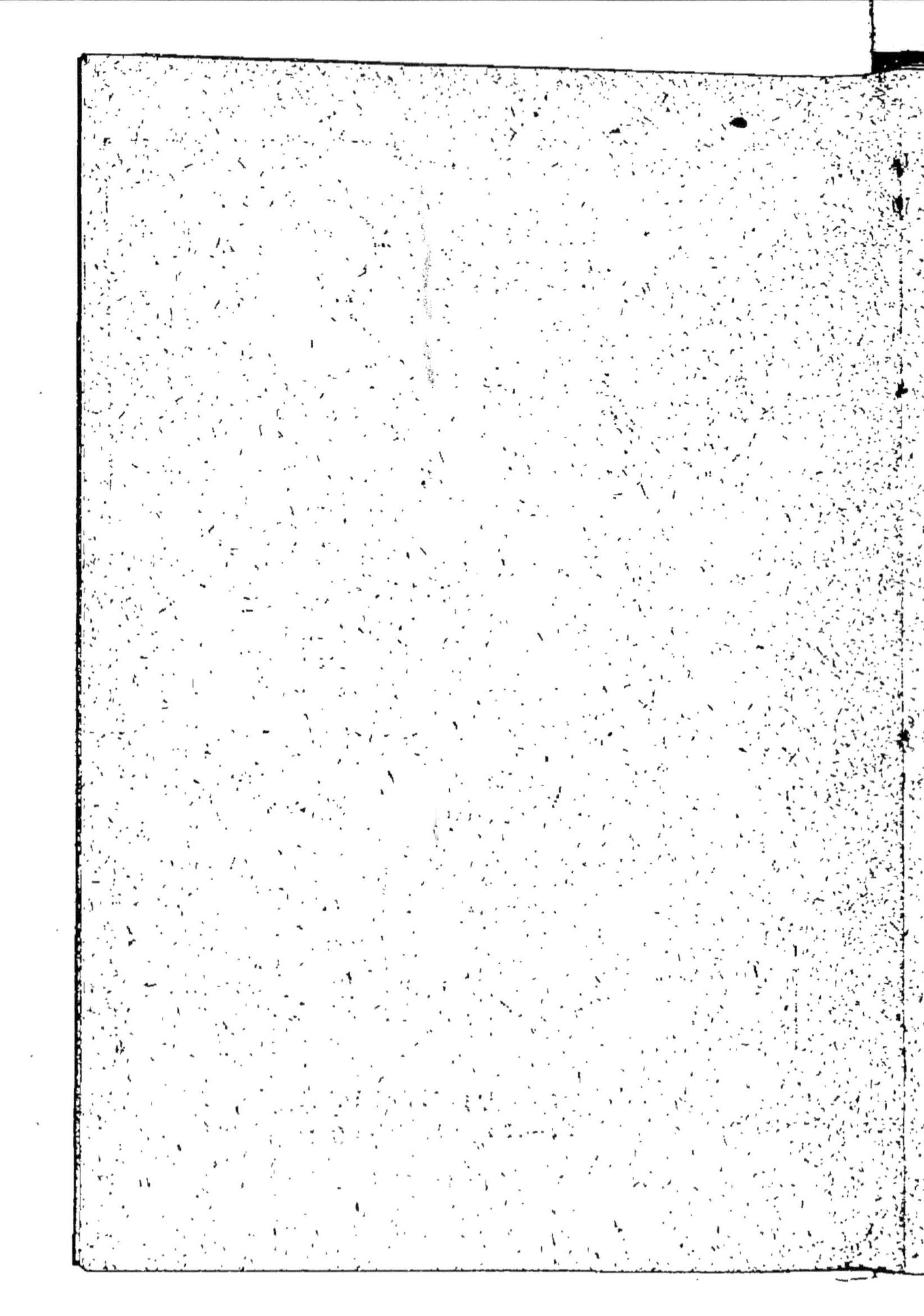

NEUVAINE

EN L'HONNEUR DU BIENHEUREUX

JEAN-GABRIEL PERBOYRE

LAZARISTE, MARTYR EN CHINE

Avec prières spéciales pour obtenir de Dieu,
par son intercession,
les grâces particulières que l'on désire.

PAR

Mgr SPINOLA, ancien Évêque de Malaga

ARCHEVÊQUE DE SÉVILLE

OUVRAGE TRADUIT DE L'ESPAGNOL

PAR UN

PRÊTRE DE LA MISSION

PARIS-AUTEUIL

IMPRIMERIE DES ORPHELINS-APPRENTIS

1900

LETTRE DE M. A. FIAT

Supérieur général des Prêtres de la Mission et des Filles de la Charité.

CONGRÉGATION DE LA MISSION
DITE DES LAZARISTES

Fondée par
Saint Vincent de Paul

Paris, le 25 Août 1900.

MAISON-MÈRE

95, RUE DE SÈVRES, 95

MONSIEUR ET TRÈS CHER CONFRÈRE,

La Grâce de N.-S. soit avec vous pour jamais !

Sur le rapport qui m'en a été fait, je vous autorise bien volontiers, en ce qui me concerne, à faire imprimer votre Opuscule :

Neuvaine en l'honneur du Bienheureux Perboyre, avec prières spéciales pour obtenir de Dieu, par son intercession, les grâces particulières que l'on désire.

Souhaitant que cette publication contribue à la gloire de Dieu par l'augmentation de la dévotion à notre Bienheureux Martyr, je demeure affectueusement en son amour,

Monsieur et très cher Confrère,

Votre tout dévoué serviteur,

A. FIAT,
I. P. D. L. M.
sup. gén.

LETTRE DE Mgr D. MARCEL SPINOLA

ARCHEVÊQUE DE SÉVILLE

A Monsieur P. M., Missionnaire Lazariste.

Monsieur,

Je ne m'attendais pas à ce que ma pauvre Neuvaine pût mériter d'attirer votre attention, malgré qu'on y voie tout le charme que mon âme a goûté à lire et à méditer la vie si édifiante du Bienheureux martyr Jean-Gabriel Perboyre.

Vous n'aviez pas besoin de mon autorisation pour traduire. J'ai cédé, en effet, tous mes droits, si j'en avais, aux dignes Filles de la Charité de la Maison de la Goleta, à Malaga.

Ce sera un grand honneur pour mon opuscule d'être reproduit dans la langue de Bossuet et de Fénelon et je m'estimerai trop heureux d'avoir pu contribuer ainsi à augmenter et à propager dans les âmes la dévotion envers le Bienheureux Jean-Gabriel Perboyre qu'on peut considérer comme étant la Gloire de l'Institut de Saint-Vincent de Paul.

Laissez-moi reclamer le secours de vos prières et daignez agréer, en retour, Monsieur, l'assurance de mon respectueux dévouement en N.-S.

✝ D. MARCEL,

Archevêque de Séville.

Séville (Espagne), le 3 décembre 1899.

AVANT-PROPOS

La Neuvaine que nous publions a été
composée par le docte et pieux évêque de
Malaga, Mgr D. Marcel Spinola, transféré
depuis au Siège Archiépiscopal de Séville.
Dans la pensée de l'auteur, cette Neuvaine
n'était pas destinée à être publiée. L'éminent
prélat l'avait écrite à l'époque de la Béatifi-
cation du martyr Jean-Gabriel Perboyre, à
la demande et pour l'usage particulier des
Filles de la Charité qui ont à Malaga plu-
siêurs établissements importants.

Quoique composé très hâtivement, ce
petit ouvrage nous a paru remarquable non
seulement par le parfum de piété que l'on y
respire, mais encore par la solidité de la
doctrine, par la richesse des pensées, par
l'abondance et l'originalité des comparaisons
et des images, et par une forme littéraire
d'une simplicité élégante rappelant les écrits
de Louis de Grenade.

C'est au cours d'un voyage en Espagne,

pendant l'été de 1899, que nous avons eu connaissance de cet écrit et que nous avons conçu le dessein de le répandre en France.

Voilà pourquoi nous nous sommes déterminé, avec l'autorisation bienveillante de l'auteur et l'approbation des Supérieurs, à en publier une traduction dans laquelle nous nous sommes appliqué à reproduire, aussi fidèlement que possible, le texte original.

Malgré sa forme, adaptée aux coutumes et pratiques religieuses de l'Espagne, qu'une simple traduction ne pouvait faire disparaître, nous présentons avec confiance cette Neuvaine aux personnes chrétiennes, persuadé qu'elles y trouveront un aliment substantiel pour leur piété et qu'elles en retireront de grands fruits d'édification.

La vie du Bienheureux Perboyre peut être proposée en exemple à tous, car il a été l'ange du foyer domestique, le modèle des écoliers, le type du religieux accompli, un prêtre plein de zèle, un directeur éclairé et prudent, un supérieur vigilant et sage, un apôtre infatigable et un martyr héroïque.

A la suite des Méditations dont se compose cette Neuvaine, nous avons cru devoir ajouter une Notice, des Litanies, une Prière indulgenciée et un Cantique noté en l'honneur du Bienheureux.

Pour rendre cet ouvrage plus intéressant,

nous avons tenu aussi à l'enrichir de deux gravures qui parleraient aux yeux et à l'imagination, tandis que les pensées du livre occuperaient pieusement et l'esprit et le cœur.

Tel que nous l'offrons à la piété des fidèles, ce petit livre sera, pour ainsi dire, un Manuel complet de la dévotion envers le Bienheureux Perboyre.

Or, les grâces nombreuses obtenues par cette dévotion doivent nous encourager à la recommander et à la répandre.

Nous osons donc prier tous ceux qui liront ce livre, d'aider à sa diffusion en le faisant connaître, en le procurant même aux personnes auxquelles ils croiront que sa lecture pourra être utile.

Ils exerceront ainsi un apostolat de bons conseils, d'instructions pratiques, d'exhortations pieuses et répondront aux désirs du Souverain Pontife qui nous invite à nous fortifier par la pensée des martyrs.

« Remercions Dieu, a dit Léon XIII au sujet du Bienheureux Perboyre, remercions-le de ce qu'un modèle d'un tel héroïsme soit si opportunément proposé aux fidèles. Dans les difficiles épreuves auxquelles est exposée aujourd'hui la profession catholique, puissent ses exemples être un stimulant à soutenir pour la foi toute sorte de labeurs et de

sacrifices ! Puissent-ils servir à secouer la torpeur et à inculquer dans les cœurs cet invincible courage qu'ont montré nos martyrs ! »

Daigne le Seigneur avoir pour agréable le désir que nous avons eu de procurer sa gloire, et de contribuer à la sanctification des âmes, en faisant connaître les vertus admirables d'un de ses glorieux serviteurs et de ses plus généreux martyrs.

Daigne aussi le Bienheureux Jean-Gabriel nous obtenir à tous, par son intercession, cette vertu de force et de constance qu'il a manifestée dans les combats et les souffrances de son long martyre, vertu qui nous est si nécessaire pour lutter contre l'impiété, vertu à laquelle sont dues les plus belles pages de l'histoire du Christianisme, et qui seule produit les défenseurs et les Confesseurs de la foi.

P. M.

Prêtre de la Mission.

Vichy, le 11 septembre 1900.

Anniversaire du martyre de J.-G. Perboyre.

AVERTISSEMENT DE L'AUTEUR

Cette Neuvaine paraîtra trop longue, sans doute, à bien des personnes ; les prières qu'elle contient sont courtes et peu nombreuses ; mais chaque considération étant divisée en trois points, ouvre un vaste champ à la méditation. Pour obvier à cet inconvénient et pour que les personnes, même les plus occupées, puissent pratiquer ce pieux exercice, on a disposé ces trois points de telle sorte que ceux qui ne veulent pas méditer longuement ou qui n'en ont pas le temps, peuvent s'en tenir au dernier point.

NEUVAINE

En l'honneur du B. Jean-Gabriel Perboyre.

ACTES PRÉPARATOIRES

O Dieu, riche en miséricorde et en amour, qui prenez plaisir non à punir les pécheurs, mais à leur pardonner et à les faire sortir de leur abjection, voici prosterné à vos pieds, un misérable, qui vous a offensé mille fois, en transgressant votre loi sainte avec une incompréhensible audace, mais qui, maintenant, plein de repentir, espère avec confiance en votre clémence.

Je ne puis pas me justifier, Seigneur ; j'ai péché comme les anges au milieu de la lumière ; je connaissais clairement le mal que je faisais et les terribles conséquences de ma conduite ; j'ai péché en résistant à votre grâce qui me pressait en vain de ne pas me jeter dans le précipice vers lequel je courais étourdiment ; j'ai péché enfin sans honte, en violant vos préceptes non une seule fois, mais bien souvent. A la lumière de votre grâce qui éclaire mon esprit, je reconnais mes erreurs, je les déteste de toutes mes forces, je les confesse avec humilité devant vous et je vous demande de m'en accorder généreusement le pardon.

Seigneur, que le souvenir de mes rechutes passées ne vous empêche pas de me pardonner. Soutenu par votre bonté qui ne me refusera pas les secours nécessaires, je ne retomberai plus, je vous le promets. Je vivrai comme ont vécu les justes ; et, quoique de très loin, je suivrai les pas du Bienheureux dont je veux étudier les vertus, avec le désir ardent, avec la ferme résolution de les imiter.

Si par elle-même ma prière ne mérite pas d'être exaucée, que les mérites du Sacré-Cœur de Jésus, que la médiation de la Mère Immaculée de votre Verbe fait homme, que le sang du B. Jean-Gabriel Perboyre, abondamment versé pour la gloire de votre nom, vous rendent propice à mes désirs.

Des prières d'une si grande valeur ne peuvent pas être dédaignées par Celui qui, dans les divines Écritures, s'appelle Charité. Aussi, j'espère être dès maintenant purifié de mes souillures ; et je sais qu'en marchant d'un pas ferme dans le sentier de la vertu, je serai à vous dans le temps et dans l'éternité.

AINSI SOIT-IL !

PRIÈRE POUR TOUS LES JOURS

Nous vous prions avec confiance, ô bon Jésus, de nous donner les moyens nécessaires pour nous rendre praticable et même facile le chemin de la sainteté. Vous nous offrez des modèles achevés de vertu dans les hommes illustres et les femmes héroïques que l'Église, dépositaire de votre autorité souveraine, élève sur les autels et déclare dignes de notre culte : avec votre grâce nous nous efforcerons de les imiter.

Parmi ces héros, le B. Jean-Gabriel Perboyre mérite, à bien des titres, d'être admiré et étudié. Il fut un ange par sa pureté, un apôtre par son zèle, et par son long et cruel martyre, l'émule de ces chrétiens qui, dans les trois premiers siècles de l'Eglise, firent l'admiration des païens eux-mêmes.

Je désire reproduire en moi, autant qu'il sera possible à ma faiblesse, les perfections de ce fils illustre de saint Vincent de Paul; c'est pourquoi, Seigneur, je vous en supplie, envoyez-moi vos lumières, pour que j'entrevoie au moins les merveilles de sa généreuse correspondance à la grâce, et que j'apprenne ainsi la manière de vous gagner des cœurs, d'honorer le nom dè catholique, dont je suis justement fier, et de me rendre digne de mon titre de chrétien.

Mais la connaissance de ce que j'ai à faire ne suffit pas, il faut y joindre la volonté et le courage pour le faire ; et ces deux choses, je les espère de votre inépuisable libéralité. Je vous prie donc de m'accorder à la fois de claires lumières pour bien voir dans toute sa beauté la pure physionomie de Jean-Gabriel Perboyre ; de la volonté et du courage pour mettre en pratique ses enseignements et imiter ses grands exemples.

Et maintenant, afin d'atteindre ce noble but, je vous demande de préparer ma pauvre âme à retirer un grand fruit de ma méditation sur la vie et les vertus de cette âme généreuse qui a tant contribué à votre gloire ; oui, puissé-je en profiter pour le temps et l'éternité !

AINSI SOIT-IL.

NEUVAINE

Bienheureux Jean-Gabriel Perboyre

PREMIER JOUR

Considération. — Vie de foi du B. Jean-Gabriel
Perboyre.

PREMIER POINT

Comment on vit de la foi.

Autre chose est d'avoir la foi, autre
chose est de vivre de la foi.

Malgré les ravages de l'impiété, qui ar-
rachent des cris de douleur aux justes, il
y a encore dans le monde bien des personnes qui ont de la foi. Cette vérité éclate
à l'heure suprême des grandes catastro-

phes : alors, en effet, quels sont ceux qui ne tournent pas les yeux vers Dieu pour implorer sa miséricorde !

Avoir de la foi, c'est croire comme enseigné aux hommes par le Père céleste ce que l'Église catholique, en sa qualité de dépositaire du riche trésor de la Révélation, propose à notre croyance.

Mais, parmi ceux qui ont la foi, beaucoup la relèguent dans un recoin de leur cœur, où ils la tiennent cachée et comme endormie ; ils ne s'en servent qu'aux moments solennels, lorsque des dangers surviennent, lorsque des malheurs menacent ou que la maladie vient les visiter et leur fait sentir les approches de la mort ; de ceux-là on peut dire que, bien qu'ils soient croyants, ils ne vivent pas de la foi.

D'autres, moins négligents et plus logiques, ne se contentent pas de croire ; ils pratiquent plus ou moins bien ce qu'ils croient : ils accomplissent les commandements de Dieu et de l'Église ; ils évitent les péchés graves qui pourraient compromettre leur salut. Mais ils ne vont pas plus loin ; ils ne pensent ni à la beauté ni aux charmes de la perfection chrétienne. De ceux-là on peut dire que non seulement ils ont de la foi, mais encore qu'ils vivent selon la foi.

Quelques-uns enfin, — et c'est malheureusement le petit nombre, — vont plus loin ; non seulement ils vivent selon la foi, mais de la foi. La foi agit en eux, devient comme l'âme de leur âme : elle inspire les pensées de leur esprit, les affections de leur cœur, tous les actes de leur vie. C'est par esprit de foi qu'ils agissent toujours, par esprit de foi qu'ils réfléchissent et raisonnent, par esprit de foi qu'ils aiment et qu'ils haïssent ; par esprit de foi qu'ils parlent ou se taisent ; par esprit de foi qu'ils commencent ou abandonnent leurs entreprises ; par esprit de foi qu'ils travaillent et se reposent ; par esprit de foi qu'ils mangent et jeûnent, par esprit de foi qu'ils dorment et veillent. La foi est comme le pôle autour duquel gravite leur existence ; rien en eux, rien en dehors d'eux qui n'obéisse à la foi ; pas une action interne ou externe qui ne soit dirigée et vivifiée par la foi. Voilà ce que c'est que de vivre de la foi ; voilà ce que saint Paul voulait nous faire comprendre, lorsque, traçant d'un seul coup de pinceau le portrait de l'homme juste, il s'écriait : « *Justus meus ex fide vivit*, mon Juste vit de la foi. »

SECOND POINT

Excellence de la vie de la foi.

Vraiment c'est une grande chose de vivre non seulement selon la foi, mais de la foi. En tout ce qui concerne la gloire de Dieu, la plupart des hommes passent leurs journées, pour ainsi dire, à construire et à détruire. Un acte de vertu, héroïque peut-être, par lequel nous avons honoré notre Père céleste, est suivi d'un acte de faiblesse, de lâche complaisance aux passions ; et voilà détruite l'œuvre que nous avions commencé à construire, pour servir de base à l'édifice de notre perfection.

Mais lorsque nous vivons de la vie de la foi, nos années, nos jours, nos heures, nos plus courts instants se convertissent en pierres artistement travaillées, qui, unies entre elles, forment un monument grandiose, gigantesque, érigé à cette grande idée, la gloire de Dieu.

D'autre part, c'est une vérité évidente que les bonnes œuvres forment notre richesse, notre trésor ; et, par conséquent, rien ne nous est si utile que de les multiplier. Or ce résultat est merveilleusement atteint par celui qui vit de la foi ; celui dont tous les actes, sans exception, sont des bonnes œuvres accomplies avec soin, inspirées par la foi, dirigées par la foi, réglées par la foi, et dans leur objet et dans leur but : œuvres parfaites et totales de la foi.

Malheureusement la vie de la plupart des chrétiens offre des lacunes vastes et regrettables ; c'est un champ où il y a de nombreux terrains incultes et improductifs comme des déserts. Au contraire la vie de celui qui vit de la foi est un champ tout entier en exploitation ; on n'y trouve pas une place qui ne soit cultivée et si bien cultivée qu'il ne puisse faire moins que de rendre au centuple ; et celui qui le possède mérite à bon droit d'être réputé riche.

Comme si ce n'était pas encore assez,

celui qui vit de la foi, parvient à établir sa demeure dans une région très élevée, inaccessible aux tempêtes. On a très justement comparé le monde à une mer orageuse et les malheureux qui l'habitent, aux navigateurs toujours menacés de faire naufrage : les flots, les vents, les nuages, les écueils, même les côtes sont comme autant d'ennemis qui les mettent souvent en terrible péril. Mais celui qui vit de la foi conserve toujours son calme ; rien ne l'épouvante ; embarqué sur le vaisseau de la Providence, il entend les rugissements et les éclats du tonnerre, le mugissement des eaux, les rafales du vent qui secouent les agrès, et, imperturbable, il continue sa navigation, en disant : Dieu est avec moi ; que craindrais-je ?

Ajoutez à cela que celui qui vit de la foi est un bienfaiteur constant de ses frères ; comme une hostie il est toujours présent sur l'autel de propitiation ; les Anges l'admirent ; les hommes le respectent ; l'enfer le craint ; et Dieu même trouve en lui son bon plaisir. C'est donc, on le comprend, une chose excellente de vivre de cette vie de la foi.

TROISIÈME POINT

Le B. Perboyre vivant la vie de la foi.

Fidèle observateur de la doctrine de saint Paul, le B. Jean-Gabriel Perboyre vécut toujours de la vie de la foi ; c'est à cette vie qu'il doit sa gloire.

Sa première idée, dès que sa raison devint capable de discernement, fût de ne pas quitter ses parents, d'être leur appui et leur consolation. Cette idée, remarquons-le, n'est pas chez lui un effet de l'apathie, de l'abattement, du dépit ; non ; mais, en s'étudiant, il ne se juge pas appelé par Dieu à une vocation plus haute ; et il voit avec contentement, sans ressentir ni inquiétude, ni envie, son frère Louis se préparer à partir au collège.

La Providence le conduit lui-même au Séminaire de Montauban ; là se manifestent les rares talents dont le ciel l'a doué ; il acquiert la conviction que les desseins du Seigneur sur sa personne sont très différents de ce qu'il croyait. Là il commence à diriger ses pensées vers le sacerdoce, excité, non par le désir de s'élever, de dominer, de briller, d'être quelque chose, mais par celui de glorifier Dieu, c'est-à-dire par l'esprit de foi.

Il cultive les sciences et y fait de grands progrès ; il se livre à l'étude, non pour le vain plaisir d'acquérir la réputation de savant, ni par amour de la science elle-même, mais parce que telle est la volonté de Dieu. Par esprit de foi, quand il est nommé professeur, il déploie dans sa chaire une ardeur extraordinaire pour former de bons disciples. Par esprit de foi, il forme avec soin ses séminaristes à la vie religieuse, quand ses supérieurs lui confient cette charge. Par esprit de foi, il demande instamment à être envoyé en Chine ; l'esprit de foi est sa force et la source de son courage à l'heure des *désemparements* dans ce lointain pays. Enfin il endure des tourments inouïs avec une invincible constance et il meurt en souriant, parce que l'esprit de foi ne l'a pas abandonné.

En un mot, l'esprit de foi a fait successivement de Jean-Gabriel Perboyre l'ange du foyer domestique, un modèle des jeunes écoliers, un type du religieux parfait, un prêtre plein de zèle, un supérieur intègre et équitable, un apôtre infatigable et un martyr héroïque. C'est à l'esprit de foi qu'il doit sa gloire. Heureux ceux qui savent l'imiter !

PRIÈRE POUR LE PREMIER JOUR

O mon Dieu, il y en a peu, au moins dans ces temps malheureux, qui vivent de la vie de la foi ; et pourtant on ne peut douter que cette vie ne soit le moyen efficace de s'enrichir pour le ciel, en convertissant en or très pur la poussière même de la terre.

Je veux suivre, Seigneur, en ceci comme en tout, vos ordres et vos conseils ; mais pour cela j'ai besoin de l'assistance de votre bras ; car les inclinations de la nature, les passions, les habitudes et même les suggestions de Satan, me portent fréquemment à suivre une direction contraire à celle que la foi m'imprime, ou tout au moins différente.

Je ne puis pas espérer ces secours avec assurance, si je ne compte que sur mes propres mérites. Mais je vous rappelle ceux du Bienheureux Jean-Gabriel Perboyre ; et je suis sûr ainsi que vous ne me les refuserez pas. En effet, que pouvez-vous refuser à celui qui, éclairé par la foi, et reconnaissant, à sa vive lumière, ce que vous êtes, ne manqua jamais, tant qu'il demeura sur la terre, de vous donner tout ce que vous lui demandiez ? En considération des mérites d'un homme d'une si grande sainteté, accordez-moi donc une foi si vive que non seulement elle me gouverne et m'empêche de faire le mal, mais qu'elle soit encore le phare qui guidera mon âme, le soleil qui l'éclairera et le principe de toutes mes œuvres.

Avec cette foi, accordez-moi les vertus qui en découlent, les grâces dont j'ai besoin, et spécialement celles que je vous demande dans cette neuvaine, afin que, comme Perboyre, j'entende de vos lèvres cette heureuse sentence : « Courage, bon et fidèle serviteur ; parce que vous avez été fidèle en peu de choses, je vous établirai sur beaucoup ; entrez dans la joie de votre Maître. »   AINSI SOIT-IL.

Pater, Ave, Gloria et trois fois l'invocation : Bienheureux Jean-Gabriel, priez pour nous !

PRIÈRE FINALE

O mon Seigneur Jésus-Christ, vous qui rendîtes votre glorieux martyr, le Bienheureux Jean-Gabriel Perboyre, admirable aux yeux des fils de la Chine, par sa vie innocente, par ses travaux apostoliques et spécialement par sa participation à votre croix, faites qu'en imitant ses exemples de foi, de charité et de patience, nous méritions d'être associés à sa gloire, vous qui vivez et régnez dans tous les siècles des siècles.

AINSI SOIT-IL.

SECOND JOUR

Considération. — Vie d'abnégation.

PREMIER POINT

L'abnégation selon l'Évangile.

Il y a dans l'Évangile des préceptes et des conseils ; parmi les préceptes il y en a quelques-uns qu'on peut nommer fondamentaux, et d'autres que, sans aucune impropriété de termes, il est permis d'appeler complémentaires. Dans le code sacré — l'Évangile mérite d'être ainsi nommé — on parle très souvent de l'abnégation ; on trouve très fréquemment sur les lèvres du Maître céleste les mots suivants : « renoncer à soi-même, mou-« rir comme la semence jetée dans la « terre », et d'autres analogues, qui tous désignent l'abnégation.

Et ces mots n'expriment pas de simples conseils, invitant les disciples de l'école du Christ à faire des œuvres de surérogation méritoires, mais non nécessaires ; ils contiennent plutôt des commandements clairs, positifs, formels, comme l'indique cette affirmation de Jésus-Christ : « Celui « qui veut sauver sa vie, la perdra.... « Celui qui ne meurt pas à soi-même, ne « vivra pas, ne croîtra pas, ne se multi- « pliera pas ; il en sera de lui comme du « grain de blé qui ne germe et ne fructi- « fie qu'à la condition de se décomposer « et de mourir. »

Il n'est pas question ici d'un précepte ordinaire, comme il y en a beaucoup dans la loi, mais d'un précepte fondamen- tal, ainsi que l'indique le langage explicite du Christ lui-même : « Si quelqu'un, dit- « Il, veut venir après moi, qu'il renonce « à soi-même, prenne sa croix et me « suive. » Paroles qui méritent vraiment d'être étudiées et approfondies. D'après ces paroles le disciple du Sauveur doit marcher après son Maître, c'est-à-dire qu'il doit l'imiter en reproduisant les traits caractéristiques de sa physionomie. De plus, il doit porter sur ses épaules la croix, symbole des peines et des souf- frances de l'exil, symbole aussi du fardeau, quelquefois pesant, des devoirs généraux, communs à tous les hommes, et des obligations propres à chacun selon son état. Mais avant d'accomplir l'un et l'autre de ces préceptes, il faut — et c'est le moyen et la condition nécessaires pour y réussir — commencer par renoncer à soi-même.

D'où il faut conclure que l'abnégation est la base de la vie chrétienne ; sans cette vertu on ne peut même la concevoir.

La raison en est évidente. Dès le commencement des temps, l'orgueil, l'amour-propre, l'égoïsme envahit le cœur humain comme un venin mortel, l'infecta et y engendra par milliers des péchés et des vices ; c'est seulement en extrayant ce poison qu'on rendra au cœur humain la santé et qu'on lui fera produire, au lieu des vices et des péchés, des vertus et des bonnes œuvres. Et voilà le rôle spécial de l'abnégation chrétienne.

SECOND POINT

L'extérieur et l'intérieur de l'abnégation.

Une des maximes évangéliques qui a le plus soulevé les esprits contre le Christianisme est celle qui déclare l'abnégation nécessaire pour suivre le chemin conduisant au ciel.

Orgueilleux par nature depuis le péché, égoïstes par inclination de la tête aux pieds, remplis d'amour-propre, les enfants d'Adam se recherchent eux-mêmes en toutes choses. Se renoncer en tuant le *moi*, qui est profondément incarné dans leur être, est une chose qui les contrarie plus qu'on ne saurait dire. D'autre part c'est une chose difficile en elle-même, parce que se vaincre, se dominer, n'est pas l'œuvre d'un instant, mais une tâche à laquelle il faut s'appliquer tous les jours, à toute heure, en tous lieux et en toute occasion.

Et en voici la raison très simple : l'esprit propre se glisse partout, il entre par tous nos pores, il s'introduit dans ce qu'il y a en nous de plus saint et de plus sacré, il gâte nos meilleures œuvres, tout au moins il leur enlève leur éclat et leur beauté.

Cependant, il faut ou pratiquer l'abnégation ou renoncer au titre si honorable de chrétien : alternative pénible pour beaucoup, — les faibles et les lâches furent toujours le grand nombre, — alternative désespérante, qui les rend d'humeur sombre et leur arrache le même cri qu'aux Juifs d'autrefois : « En vérité, nous trouvons dure cette doctrine. » Voilà ce que Bossuet, avec l'originalité de son génie, appelait « la face horrible de l'Évangile ».

Et pourtant, lorsque nous nous plaçons sur le terrain de la réalité, lorsque, nous arrachant aux séductions des apparences trompeuses, nous envisageons les choses sous un autre jour, nous avons sur l'abnégation des idées et des sentiments très différents. Sans elle il n'y a pas de vertu. Car, dans l'état présent de l'homme, tout acte vertueux, bien analysé, est un acte d'abnégation ; l'abnégation ne se trouve pas seulement dans l'intérieur de l'œuvre bonne, comme le pépin dans le fruit, mais elle lui donne ses couleurs, ses nuances les plus suaves, son bel aspect extérieur. Est-ce que les épisodes les plus émouvants de la vie des saints ne sont pas ceux dans lesquels brille avec le plus d'éclat l'abnégation de ces hommes de Dieu ?

De plus l'abnégation, bien qu'on ne l'acquière qu'à force de persévérance et de combats, a, comme effet propre et comme conséquence immédiate, de donner à l'âme la paix, qui est une de nos meilleures joies.

On peut donc dire de l'abnégation que, si elle a un extérieur qui épouvante, son intérieur est beau ; en d'autres termes, elle a une écorce, une enveloppe dure et difficile à briser, mais un goût délicat, suave, exquis.

TROISIÉME POINT

Les fruits de l'abnégation du B. Perboyre.

Parmi les merveilleuses et précoces vertus que nous offre la vie du B. Perboyre, une des plus remarquables est l'abnégation. Encore enfant il en donne de frappants exemples. Quelques-uns de ses compagnons, bien que liés avec lui d'une intime amitié, se chargèrent de mettre à l'épreuve la patience du pieux jeune homme ; mais jamais ils ne réussirent à le faire fâcher. Un de ceux qui avaient le plus exercé la patience du serviteur de Dieu, disait, au souvenir de ces épisodes de collège : « Je ne sais si les sacrifices qu'il a eu à faire en Chine lui ont plus coûté. »

Ce qu'il avait commencé au séminaire, Jean-Gabriel le continua dans les diverses maisons qu'il sanctifia par sa présence. Un témoin impartial qui avait expérimenté lui-même sa grandeur d'âme a dit qu'il suffisait, comme pour Thérèse de Jésus, de l'offenser pour gagner son cœur.

L'abnégation de Perboyre se manifesta d'une façon singulière, quand ses supérieurs l'envoyèrent à Paris pour y continuer ses études. A cette occasion on lui permit d'aller visiter ses parents ; mais le pieux jeune homme, malgré sa tendresse pour les auteurs de ses jours, renonça à une satisfaction pourtant si légitime et répondit au supérieur qui la lui offrait : « Saint Vincent alla une fois seulement « voir sa famille et il s'en repentit ; si « vous me le permettez, j'offrirai à Dieu « ce sacrifice. »

Quand on rencontre une âme ainsi trempée presque dès le commencement de la vie, on ne saurait être surpris de ses prouesses héroïques. Aussi nous comprenons et nous nous expliquons les désirs ardents qu'avait Perboyre d'aller en Chine ; sa joie immense lorsque, après des prières réitérées, le ciel lui accorda ce qu'il avait sollicité avec de si vives instances ; ses cantiques de gratitude, quand il se vit seul, privé de toute protection humaine, sans autre secours que celui de la Providence, dans un pays infidèle, entouré d'ennemis ; son énergie, non seulement au moment de tomber aux mains des idolâtres, mais aussi pendant les longs mois de sa captivité et quand sonna l'heure de l'immolation.

Admirables fruits de l'abnégation de Perboyre ! Non seulement elle lui concilie l'estime des étrangers, de ses amis et de ses adversaires, mais elle le rend capable d'entreprendre et d'accomplir pour la gloire de Dieu les plus grandes œuvres, de les achever et de les couronner par un brillant martyre.

La vie et la mort de Jean-Gabriel Perboyre ne sont-elles pas une preuve irrécusable qui confirme ce que nous avons

dit du mérite et de la valeur de l'abnégation ?

PRIÈRE POUR LE SECOND JOUR

C'est une entreprise ardue pour notre
faiblesse et notre lâcheté, ô mon Dieu,
que la pratique de l'abnégation ; mais
avec Vous il n'y a rien d'impossible ni
de difficile ; et, comme saint Paul, lorsqu'il disait : « Je puis tout en Celui qui me
fortifie, » je crois fermement que, soutenu par votre grâce, j'arriverai à me
vaincre : victoire qu'on juge à bon droit
la plus importante et la plus décisive de
toutes, quand il s'agit de la vertu.

Mais, bien que vous soyez libéral et
même prodigue de votre grâce, vous ne
pouvez la donner avec abondance à ceux
qui, à force d'infidélités, s'en sont rendus
indignes et qui sans doute la méprise-
raient. Et je suis malheureusement de ce
nombre !

C'est en vain que mon amour-propre
essaierait de me persuader le contraire :
sa voix adulatrice serait sur-le-champ
étouffée par la voix sévère et impartiale

de ma conscience qui ne sait que dire : Seigneur, soyez-moi propice, parce que j'ai péché.

C'est pourquoi j'appelle à mon aide, pour m'obtenir votre bienveillance, ceux de vos amis que vous avez distingués le plus, et parmi lesquels le B. Jean-Gabriel Perboyre, modèle achevé de toutes les vertus, occupe, je crois, une place très haute.

Seigneur, tournez vos yeux vers lui et non pas vers moi. Si mes fautes et mes misères vous conseillent de réserver vos faveurs pour qui en est plus digne et en profite mieux, les mérites et les prières de Jean-Gabriel plaident ma cause et vous crient : Ayez encore pitié de lui, il se corrigera.

Et, certes, c'est là ma résolution. Non, je ne serai plus égoïste, sensuel, orgueilleux ; l'amour-propre ne vivra plus en moi. L'abnégation sera ma qualité distinctive ; sur cette solide base, j'élèverai l'édifice de ma vertu ; et ce sera un modeste, mais beau monument érigé à votre gloire.

Ainsi vous me serez toujours propice ;

vous ferez pleuvoir vos bénédictions sur mon âme ; entre autres grâces je vous demande particulièrement celle ..... et la persévérance qui me mettra en possession de la bienheureuse éternité.

Ainsi soit-il.

Pater, Ave, Gloria et trois fois l'invocation : Bienheureux Jean-Gabriel, priez pour nous !

La prière finale comme le premier jour.

TROISIÈME JOUR

Considération. — Vie angélique.

PREMIER POINT

Les Anges de la terre.

Parmi les privilèges les plus signalés qui rendent la religion chrétienne digne du respect, de l'estime et de la reconnaissance des générations, l'un des principaux est d'avoir, avec des hommes esclaves de la terre, et dans ce monde corrompu, formé de vrais anges, des esprits, qui, libres des exigences et des souillures de la sensualité, vivent de la vie de l'intelligence et du cœur, et sont les serviteurs fidèles de la vérité et de la vertu.

L'homme est composé de chair et d'esprit ; selon la pensée divine, il devait

unir la nature matérielle avec la nature
spirituelle et être ainsi comme un anneau
vivant entre ces deux créations et ces
deux mondes. Ces deux principes vé-
curent dans une paix parfaite pendant
la durée trop courte de la vie d'innocence ; la chair ne s'élevait pas alors
contre l'esprit ; et l'esprit n'abusait pas
de son incontestable supériorité sur la
chair pour en détruire les droits, ils
vivaient dans une heureuse harmonie :
l'âme était la reine et le corps un vassal
noble et soumis, qui lui obéissait avec
docilité, sans jamais lui manquer de respect ni compromettre sa dignité.

Mais, sitôt que le péché eut bouleversé
le plan du Souverain Auteur, tout se
dérégla dans l'homme ; et l'une des pre-
mières et des plus graves manifestations
du désordre produit par le péché, fut la
violente révolte de la chair : elle chercha
à commander en maîtresse, et, servie à
merveille par de nombreux auxiliaires,
elle lui livra de rudes combats et rem-
porta de funestes victoires.

L'honneur de notre race, l'influence
malheureuse que les tristes exploits de

la chair exerçaient aux dépens du progrès intellectuel et scientifique, la mort des nobles instincts que le cœur avait continué de suivre, l'abâtardissement de la race humaine, la perte totale de la vigueur physique et même de la santé ne furent pas assez puissants pour arrêter les misérables fils d'Adam dans le fatal chemin où ils s'étaient engagés.

La chair régna en souveraine : les mortels, les aveugles mortels abdiquèrent devant cette fausse divinité leurs glorieux privilèges ; ils se firent les esclaves, les jouets de ses caprices et de ses folies ; ils se traînèrent à ses pieds comme des bêtes, comme des reptiles qui se nourrissent de terre. Mais le Christ vint au monde pour tout transformer, pour tout restaurer, selon le mot de saint Paul. A l'écho de sa voix, apparurent, sur le sol impur que nous habitons, des êtres nouveaux qui surgissaient de la boue et paraissaient être descendus du ciel, des anges plutôt que des hommes : tant leurs pensées et leurs affections étaient célestes ; leur chair, leur corps ressemblait au cristal d'une lampe diaphane, à travers laquelle rayonne dans toute sa splendeur la flamme qui brûle à l'intérieur.

Voilà ce qu'est la pureté. Et cette aimable vertu, qui donc ne l'aime pas ?

SECOND POINT

La culture de la fleur de la chasteté.

Les fleurs sont belles ; qui ne serait porté, en les voyant, à louer Celui qui les a créées ? Quelquefois elles naissent rachitiques et décolorées ; les plus vigoureuses même se fanent et se flétrissent ; quelquefois, celles dont les tiges s'élèvent le plus haut, s'effeuillent et sont brisées par la violence de l'ouragan.

Le blanc lis de la chasteté, cette fleur délicate et belle entre toutes celles qui fleurissent dans le jardin du Père de famille, est plus qu'aucune autre exposée à ces dangers ; aussi demande-t-elle à être cultivée avec plus de précautions et de soins.

Il faut d'abord débarrasser le sol où la fleur doit prendre racine, des herbes et des ronces qui l'empêcheraient de croître et de se développer ; c'est-à-dire, pour parler plus simplement, il est nécessaire d'abord d'arracher du cœur les affections déréglées qui nuiraient directement ou indirectement à sa pureté et nous empêcheraient de jouir de ses fruits : travail qui se fait avec le sarcloir de la mortification.

Il faut deuxièmement prendre garde que le sol ne se dessèche, parce que la plante, privée des sucs vivifiants, ne tarderait pas à se flétrir, à s'étioler et à mourir : pour cela il faut, par des prières ferventes et une fidèle correspondance aux secours divins, attirer sur l'âme la rosée journalière des grâces ordinaires et communes et la pluie abondante des grâces extraordinaires.

De plus il faut protéger la tige de cette fleur contre les vents qui pourraient la briser : ce sont les vents du monde, la dissipation qui en terniraient la pureté, qui l'effeuilleraient, qui même, si on ne la protégeait par le recueillement, la feraient tomber en poussière.

Enfin, un dernier soin que la fleur de chasteté réclame de nous, c'est que nous la préservions contre les attaques des insectes nuisibles et des oiseaux voraces, qui la détruiraient en rongeant sa racine ou en dévorant ses feuilles ; il est nécessaire pour cela de fuir les occasions malheureusement si nombreuses, où l'innocence et la candeur, même le mieux gardées, font souvent naufrage. C'est le conseil de saint Jérôme à une illustre veuve, à qui il écrivait : « Que votre chasteté passée ne vous inspire pas de la présomption ; car vous n'êtes ni plus forte que Samson, ni plus sage que Salomon, ni plus sainte que David. » Ils sont tombés en effet : David avec sa sainteté, Salomon malgré sa sagesse et Samson malgré sa force. Est-il donc possible que les faibles et les misérables ne tombent pas, s'ils s'exposent au danger ?

TROISIÈME POINT

L'angélique Perboyre.

Il y a une différence très marquée entre la beauté physique et la beauté morale, et une plus grande encore entre la beauté naturelle et la beauté surnaturelle. Bien des saints ne se distinguèrent ni par la proportion de leurs formes ni par la régularité des traits du visage ; quelques-uns ne se distinguèrent pas même par de grands talents, une grande intelligence ou par des qualités du cœur qui ont le privilège d'entraîner les hommes après celui qui les possède et d'en faire l'idole de la multitude. Mais il y eut en eux quelque chose de céleste et de divin qui irradie comme l'éclat d'une lampe lumineuse, quelque chose qui répand un arome suave et délicieux, quelque chose qui fait ressentir une impression inexplicable.

Voici le portrait exact de Jean-Gabriel Perboyre. Au point de vue physique, sa personne, au dire de ses biographes, ne manquait point d'attraits. Il possédait un esprit juste, un cœur noble et généreux. Mais, au-dessus de tout, il y avait dans sa physionomie quelque chose qui le faisait aimer de tous ses compagnons, qui excitait en ceux qui le voyaient pour la première fois le désir de le revoir, quelque chose qui, en plus d'une occasion, obligea les étrangers et même les adversaires à s'écrier : « C'est un ange. »

La pureté, reine et maîtresse de la chair, apparaissait dans son regard, dans la douce modestie de son visage, dans ses manières si nobles et si simples à la fois, dans son langage circonspect et dans toute sa personne.

On a dit d'un grand saint qu'il semblait n'avoir pas péché en Adam. Quelques-uns l'ont affirmé aussi de Perboyre. Grâce aux bénédictions pleines de douceur, dont Dieu l'avait prévenu, grâce à la constante vigilance qu'il exerça sur lui-même, se refusant jusqu'à la moindre liberté, qui aurait pu mettre en péril sa vertu, grâce à l'austérité avec laquelle il traitait son corps, il conserva pure sa pensée ; pures étaient aussi les affections de son cœur, et pure sa volonté, principe de toutes ses affections. Il réussit ainsi, bien que par nature inférieur aux anges, à leur être supérieur, en se maintenant, par un miracle, comme l'azur du ciel, dans une chair corrompue par la boue du péché.

L'exemple de Perboyre nous montre

que la pureté et la chasteté sont une
lumière dont les beaux reflets frappent
les yeux qui ne sont pas aveugles, et
qu'elles élèvent les cœurs vers Dieu.

PRIÈRE POUR LE TROISIÈME JOUR

O Seigneur, l'exemple des saints instruit les pauvres pécheurs, il les aiguillonne et les encourage ; mais parmi leurs
vertus il en est peu qui inspirent autant
d'amour que la chasteté.

Nous sommes chair et pourtant nous
anathématisons les désordres de la chair
tout en les reconnaissant et en les confes-
sant. La chair se présentant à nous comme
une amie et nous promettant des délices
et des félicités, nous la regardons d'un œil
bienveillant ; et cependant au dedans de
nous-mêmes nous nous disons : « Elle est
mauvaise, très mauvaise. » Ses fausses
jouissances nous séduisent et nous entraînent ; mais ceux mêmes qui s'y abandonnent, jugent qu'en le faisant ils se dé-
gradent et se rabaissent au niveau de la
bête. On ne peut expliquer ces contra-
dictions qu'à la condition de savoir ce

que vaut la chasteté et quelle est la violence de la concupiscence. Pour conserver cette fleur fraîche et vigoureuse, il ne suffit pas de l'arroser continuellement avec l'eau du Ciel et de la mettre à l'abri des vents, il convient encore de charger les Anges de l'éternité d'en prendre soin et de la défendre.

O Jean-Gabriel Perboyre, vous qui êtes un de ces Anges, daignez vous charger de garder ma pureté. Veillez sur elle avec la sollicitude avec laquelle vous avez veillé ici-bas sur tout ce qui touche à la gloire de Dieu. Je suis sûr que, si vous m'accordez cette faveur, mon cœur sera un tabernacle où le divin Amant des âmes cherchera son repos, et enrichi par Lui de toutes les grâces, y compris celle que je demande dans cette neuvaine, je pourrai espérer la possession de la bienheureuse éternité. AINSI SOIT-IL !

Pater, Ave, Gloria et trois fois l'invocation : Bienheureux Jean-Gabriel, priez pour nous !

La prière finale comme le premier jour.

QUATRIÈME JOUR

Considération. — Vie d'oraison.

PREMIER POINT

Ce que nous appelons vie d'oraison.

Prier, nous dit le catéchisme, c'est élever son âme vers Dieu et lui demander ses grâces. Il n'est personne qui ne prie quelquefois. Nous oserions presque dire que la prière est un instinct de l'âme ; instinct si fort, si puissant, que les plus incrédules, même ceux qui se vantent d'être athées, se plaignent à Dieu dans les moments critiques, de grande affliction ou de péril extrême et laissent échapper de leurs lèvres des prières démentant leur incrédulité. L'anecdote suivante qu'on raconte d'un Maure nous montre que la prière est le propre des êtres raisonnables. Ce Maure appelait son captif: « Chien de Chrétien » ; et, comme celui-ci lui demandait la raison d'une appellation si injurieuse et si humiliante : « Tu ne pries pas, lui répondit le Maure ; et il n'y a que les animaux qui n'usent pas de la prière. »

Mais la prière, l'oraison n'est pas la vie d'oraison. Il y a une grande différence entre un acte de vertu et la vertu ; il est évident que la vertu ne consiste pas en quelques faits isolés mais dans l'habitude formée par la répétition de ces faits. De même la vie d'oraison ne suppose pas seulement l'oraison fréquente, pas même l'oraison journalière, mais comme un état de l'esprit, grâce auquel le chrétien habite habituellement les hauteurs avec ses pensées et son cœur, vit dans des communications continuelles avec Dieu et fait de l'oraison l'occupation et l'affaire unique de son existence.

Nous l'avons vu, tous les hommes prient et il est très rare d'en trouver un qui ne le fasse jamais. Mais il n'y en a qu'un très petit nombre qui vivent de la vie d'oraison. La plupart de ceux qui ont la foi, sont engagés dans des affaires temporelles qui absorbent leur attention, qu sont distraits par des spectacles, des divertissements et des plaisirs qui les dissipent ; à peine trouvent-ils un instant pour converser avec Dieu. Un petit nombre seulement d'âmes privilégiées et choisies, qui aspirent à la perfection chrétienne et qui sont devenues amoureuses de la sainteté, se livrent assidûment et courageusement à l'oraison.

C'est pourquoi, au milieu même du Christianisme le nombre des justes est si petit ; c'est pourquoi aussi, en matière de piété, nous nous trouvons tant en arrière.

Serait-il possible que nous ne nous résolvions jamais à remédier à un si grand mal, alors que le remède nous n'avons pas à le chercher bien loin.

SECOND POINT

Les délices de l'oraison.

Il y a des travaux qui, sans nul doute, sont à la fois très utiles et extrêmement pénibles. C'est un dur travail que celui du moissonneur : toujours debout il est exposé aux ardeurs du soleil, en son midi ;

pendant que de sa faucille affilée il coupe les épis et qu'il en forme de lourdes javelles. Ce n'est point un labeur moins pénible que celui du pauvre forgeron : il passe ses jours près d'une forge allumée qui rappelle les feux de l'enfer ; il se fatigue dans des efforts violents à marteler le fer embrasé et à en faire jaillir des étincelles incandescentes qui lui brûlent le corps. Combien lourde et désagréable, la tâche de l'ouvrier mineur ! enfermé dans les profondeurs ténébreuses de la terre, privé de la lumière du soleil, il travaille à extraire des blocs énormes, où l'on distingue quelques veines des métaux précieux avec lesquels d'autres que lui arrivent à s'enrichir.

Par contre, il y a des occupations qui sont à la fois fatigantes et très agréables, et le plaisir qu'elles procurent compense largement la fatigue qu'elles causent.

Tels sont les travaux scientifiques. Ils exigent des veilles, des méditations prolongées, des efforts et des concentrations de l'esprit ; mais le chemin qu'ils lui font parcourir, en explorant la vérité, offre des paysages qui le charment.

Tels sont aussi les travaux artistiques. Le peintre réfléchit beaucoup pour trouver son sujet et composer son tableau ; il passe de longues heures devant sa toile à tirer des lignes, obligé souvent d'effacer, de refaire, de retoucher. Pendant des journées entières il s'arrête à étudier la pose d'un personnage, les plis d'une étoffe, les effets d'un rayon de lumière, d'une ombre, etc. Mais comme il est magnifiquement récompensé de sa peine, lorsque après de longues anxiétés, il voit apparaître, au bout de son pinceau, la terre avec des vallées et des montagnes, avec des arbres et des fleurs, le ciel avec sa transparence diaphane, la mer avec ses flots écumants, l'homme avec ses mille attitudes, avec ses sentiments et ses pensées qui se réfléchissent dans sa physionomie, les scènes si simples du foyer, les épisodes héroïques de l'histoire de son pays, et, ce qui vaut mieux encore, l'image idéale des saints, de la Vierge Immaculée, de Jésus-Christ lui-même !

Or, l'oraison est une œuvre semblable à celle du savant et de l'artiste. Peut-être nous faut-il faire quelque violence pour nous y mettre ; peut-être nous semble-t-il difficile de tenir notre esprit attentif pendant les minutes que nous y consacrons ; peut-être Satan profite-t-il de ce moment-là même pour nous assaillir de tentations et nous livrer de rudes combats. Mais quelles délices de converser avec Dieu, de traiter cœur à cœur avec Lui, de lui raconter nos peines et d'entendre sa voix paternelle !...

Si vous en doutez, interrogez les saints, consultez-les sur ce qu'ils ont ressenti dans l'oraison ; tous vous répondront avec saint Angustin « *Nihil dulcius*, il n'y a rien de plus doux. »

TROISIÈME POINT

Puissance de l'oraison de Perboyre.

Ce serait un travail très long d'énumérer tous les fruits de l'oraison de Perboyre. Le premier fut les lumières qu'il y reçut. Il semblait au pieux jeune homme, à en juger par son éducation et ses aptitudes que sa vocation était de servir d'appui aux auteurs de ses jours dans leur vieillesse et d'être la providence de ses frères. Il le croyait parce qu'ainsi le voulaient ses parents, dont l'autorité était pour lui cellè de Dieu même et parce qu'ainsi l'exigeait la condition de sa famille. Ce modeste rôle était en harmonie avec l'amour que l'humble enfant avait pour l'obscurité et la retraite. Cependant Dieu le conduit au séminaire de Montauban ; et là, dans l'oraison, il voit clairement la nouvelle route que lui trace la main du Très-Haut, la route du sacerdoce pleine de lumières et de splendeurs, mais en même temps semée d'écueils. Plus d'une fois, par ses prières, Jean-Gabriel fit changer, pour ainsi dire, les desseins de la divine Providence sur lui ; sa faible complexion, sa santé constamment délicate, les services qu'il rend, en Europe à sa Congrégation et aux âmes, firent traiter de folie le désir plusieurs fois manifesté par Perboyre de s'en aller missionnaire en Chine. Ainsi pensaient, et avec raison, semble-t-il, ses supérieurs et les hommes sensés qui lui redisaient à l'envi: Dieu ne le veut pas, Dieu ne le veut pas. Mais ceux qui jugeaient et parlaient ainsi avaient compté sans l'oraison de l'héroïque jeune homme. Perboyre supplie pendant des heures et des heures, pendant des jours et des jours ; et le ciel se montre favorable et les supérieurs décident son embarquement, peut-être avec le pressentiment qu'il succombera à la fatigue et à l'excessive rigueur du climat, mais sans soupçonner la force et le courage qu'il montrerait dans le cruel martyre qui l'attend.

On peut dire encore de Perboyre ce qu'on a dit de saint Bernard et de saint Thomas d'Aquin : que l'oraison fut pour lui une école plus instructive que les veilles studieuses ; ses maîtres furent le Crucifix et l'Hostie ; il en tirait ces conceptions lumineuses qui plus d'une fois ravirent ses élèves et même ses supérieurs.

Si Jean-Gabriel pratiquait toutes les vertus avec une perfection qui étonne même les âmes les plus fortes et les plus généreuses, c'est à l'oraison qu'il le doit. On dirait qu'un ange lui donne la main et le conduit de hauteur en hauteur jusqu'aux sommets de la sainteté, sommets beaucoup plus élevés que les plus hauts pics des Alpes et des Andes.

Et, comme si ce n'était pas encore assez, l'oraison fit de Perboyre le bienfaiteur de tous ses frères. Amis et indifférents, bons et mauvais, pécheurs et justes, ont recours, à l'heure de la tribulation, à son intercession auprès du Souverain Maître du Ciel et de la terre. C'est que l'oraison le rend tout-puissant comme Thérèse de Jésus.

PRIÈRE POUR LE QUATRIÈME JOUR

Si l'oraison de Jean Gabriel Perboyre, même lorsqu'il était votre serviteur sur la terre, était toute-puissante, quelle sera sa puissance, ô mon Dieu, maintenant que son exil est fini, maintenant qu'il est entré dans sa patrie, maintenant qu'il ne traîne plus la chaîne des esclaves, mais porte la couronne des princes, maintenant que, possédant tout, il n'a plus besoin de rien pour lui-même !

Seigneur, je ne mérite pas vos bontés. Si je croyais le contraire, quelle pitoyable erreur ! Je ne m'étonne pas que mes cris se perdent dans l'espace ; ce qui m'étonne au contraire, c'est que la terre me soutienne encore, c'est que le soleil n'ait pas retiré de moi sa lumière et sa chaleur, c'est que l'air continue à me vivifier, au lieu de me jeter à terre avec indignation.

Néanmoins, quoique je ne mérite rien, j'espère tout de la prière du B. Perboyre, oui tout : la clarté qui illumine les âmes, le feu qui leur donne la vie, la force qui les soutient, les nourrit, le vin céleste qui les fortifie. J'espère aussi recevoir de vous les biens temporels, qui ne sont pas incompatibles avec les biens spirituels, et entre autres, ceux, Vous le savez, que je sollicite dans cette neuvaine.

Accordez-moi tout cela, ô mon Dieu, en considération de votre béni serviteur : car tout cela, je le désire, non par une convoitise et une ambition blâmables, mais par une ambition et une convoitise dignes de louanges, qui ne cherchent que votre gloire.

Ainsi comblé de vos miséricordes, après vous avoir glorifié sur la terre je vous louerai au Ciel pendant l'éternité sans fin. AINSI SOIT-IL.

Pater, Ave, Gloria et trois fois l'invocation : Bienheureux Jean-Gabriel, priez pour nous !

La prière finale comme le premier jour.

CINQUIÈME JOUR

Considération. — Vie de confiance.

PREMIER POINT

Avoir confiance, c'est pouvoir.

Même dans l'ordre purement humain il
n'est pas possible d'accomplir rien d'important, si l'on n'a pas confiance dans le
succès de son entreprise. Mais il ne faut
pas, disons-le en passant, que cette confiance ressemble à de la présomption. Le
soldat qui va au combat sans courage, ne
voyant partout que l'insigne de la déroute
et de la mort, est déjà presque perdu ; il
faudrait presque un miracle pour qu'il
remportât la victoire. L'artiste qui prend
sans confiance le pinceau ou le ciseau et
s'imagine qu'il ne pourra rien faire d'utile
sur la toile ou sur le marbre, sentira
son génie, quelque grand qu'il soit, lié,

enchaîné, semblable à l'oiseau à qui on a coupé les ailes et qui fait de vains efforts pour voler. Il ne réussira à rien ; il finira par abandonner l'œuvre commencée, s'il ne veut pas en produire une qui nuise à sa renommée et diminue la gloire de son nom. L'orateur qui en montant à la tribune se défie de la force de ses arguments et craint que les ressources de l'éloquence ne lui manquent, parlera sans chaleur, sans enthousiasme ; et ses discours froids et sans vie, au lieu de gagner des partisans à sa cause, lui feront perdre peut-être ceux que, jusqu'alors, il avait jugés les plus fidèles.

Dans l'ordre divin, la confiance est encore plus nécessaire que dans l'ordre naturel. En réalité, c'est à Dieu qu'appartient la part principale de nos œuvres, chaque fois qu'il les inspire. C'est lui qui nous excite à les entreprendre ; c'est lui qui nous soutient pour les difficultés que soulève leur accomplissement ; c'est lui qui nous met dans les mains les armes avec lesquelles nous triomphons des ennemis qui viennent à l'improviste nous combattre ; c'est lui qui nous donne après la victoire le laurier triomphant. C'est pourquoi saint Augustin affirmait que, lorsque le Seigneur récompense nos actes de vertu, il couronne ses propres dons.

Mais c'est par la confiance qu'on gagne Dieu ; cette vertu est comme la clef avec laquelle on ouvre son cœur, arche bénie, où sont renfermés les trésors de sa miséricorde et de son amour. Et ce n'est pas là une pieuse théorie inventée par les docteurs ascétiques pour consoler les affligés et relever ceux qui sont abattus, c'est l'enseignement des Livres Sacrés où l'on nous assure que celui qui hésite n'obtiendra rien du Ciel, tandis qu'à celui qui a une confiance illimitée en Dieu, il ne sera rien refusé.

Comment pourrait-on douter, non seulement de la valeur, mais aussi de la nécessité absolue de cette vertu ? L'homme qui se confie en Dieu est inébranlable comme le mont Sion : grâce à lui, Jérusalem vivra et durera. Le vent passera sur les hauteurs en mugissant, les cimes des arbres seront ébranlées, les armées apparaîtront et les rochers retentiront du bruit des armes et du fracas des batailles, mais le mont restera immobile.

Qui donc ne voudrait se confier en Dieu ? La confiance est aussi douce et aussi agréable que le désespoir est horrible.

SECOND POINT

Les marques de la vraie confiance.

Toute monnaie qui circule sur le marché n'est pas bonne, et toute monnaie bonne n'est pas toujours suffisante pour payer ce qu'on achète. Cet adage dont nous faisons un usage journalier dans la pratique de la vie a son application exacte à la vertu et spécialement à la confiance en Dieu.

Première remarque à faire : la vraie confiance doit être exempte de tout alliage de confiance en soi-même : « Malheur, dit « la Sainte Écriture, à celui qui s'appuie « sur un bras de chair. » Ces mots s'appliquent non seulement à l'homme qui espère tout d'un autre homme, mais encore à celui qui se promet tout de son industrie personnelle, de son esprit, de sa capacité ou de ses efforts. Celui-ci est un arrogant, un misérable, un orgueilleux, que Dieu se réjouit d'humilier, en empêchant le succès de ses entreprises. Il n'y a rien de plus commun que d'entendre ceux qui se disent bons se plaindre de l'insuccès de leurs projets, dont ils croyaient pourtant le succès infaillible. Toutes les mesures, disaient-ils, étaient parfaitement prises ; rien n'était resté imprévu, nous avions paré à coup sûr, à tous les accidents, et néanmoins nos espérances ont été déçues. C'est un mystère, s'écrient-ils d'une même voix, c'est une énigme indéchiffrable. Mais celui qui est rempli de l'Esprit divin ne tarde pas à trouver une explication. Ces habiles faiseurs de beaux projets ont mis leur confiance en l'homme et non en Dieu. Voilà pourquoi le Père céleste leur montre pratiquement par des faits que sans lui nous ne pouvons rien.

Il est donc nécessaire et en même temps prudent de nous méfier de nous-mêmes. Est-ce à dire qu'il nous soit permis de négliger nos affaires, de les abandonner entre les mains de Dieu sans rien faire par nous-mêmes pour assurer leur succès? Non, le bon sens nous conseille, au contraire, de ne négliger aucun des moyens capables de nous conduire au but désiré ; mais, cela fait, le même bon sens, d'accord avec l'histoire et l'expérience, nous dit de ne pas nous fier dans nos combinaisons, mais d'avoir une confiance inébranlable dans le Souverain Seigneur de la terre et du Ciel.

Et cette ferme espérance n'est-elle pas légitime ? La puissance de Dieu surpasse tout ce que nous pouvons imaginer. Faire sortir une lumière brillante du sein des ténèbres, faire jaillir le feu de la glace, transformer une montagne nue et escarpée en une vaste plaine, changer les déserts arides en des campagnes fleuries, dessécher les mers, ouvrir des sources dans des rochers abrupts, tout cela est peu de chose pour Dieu. Ces œuvres, pourtant si grandes sont des jeux pour sa toute-puissance.

Si grande que soit sa puissance, la bienveillance du Très-Haut ne cède en rien à ce glorieux attribut, Dieu se fait gloire d'être appelé Père des mortels ; et le nom de Père, nous le savons bien, est synonyme de bénignité, de douceur, de générosité, de tolérance, d'indulgence, de tendresse et d'amour.

C'est pourquoi il n'y a pas de confiance mieux fondée que celle que nous mettons en Dieu.

TROISIÈME POINT

La confiance de Jean-Gabriel Perboyre.

Les docteurs ascétiques remarquent que les vraies vertus se reconnaissent dans l'épreuve. C'est un fait certain et d'expérience journalière que dans la pratique les saints qui s'élevèrent à la plus haute sainteté furent ceux qui eurent à souffrir les tentations les plus violentes. Dieu voulait que Perboyre se fît remarquer par sa confiance ; aussi l'obligea-t-il à passer par les épreuves les plus dures. Quelquefois, il est vrai, il le consolait, en lui faisant goûter des délices ineffables, mais fréquemment aussi il le laissait dans un pénible abandon et il le faisait boire au calice amer des désolations intérieures.

On n'a pas besoin de grands efforts

pour se faire une idée de sa triste situation en Chine, dans ces contrées si aimées de son cœur et si ingrates envers lui. Seul peut-être avec un compagnon, il traverse parfois de vastes régions ou s'arrête pour prendre un peu de repos au milieu de broussailles épaisses. Tout ce qui l'entoure est fait pour inspirer la terreur : d'un côté, des montagnes gigantesques, qui s'élèvent, comme des fantômes, pour lui barrer la route ; de l'autre, des torrents impétueux, qu'on ne peut traverser sans courir les plus grands dangers ; quelquefois c'est le vent qui mugit avec violence, ou la foudre qui éclate avec un fracas effroyable ; d'autres fois, un cri perçant se fait entendre, c'est une bête féroce, qui, affamée, traverse le désert, en quête d'une proie ; ou bien encore ce sont les menaces inquiétantes des idolâtres, des disciples de Brahma ou de Bouddha : il lui faut vivre caché ; car s'ils découvraient un européen, ils le poursuivraient comme une bête fauve et ne s'arrêteraient qu'après l'avoir exterminé.

Enfin arrive le moment critique ; et pour mieux préparer son serviteur aux luttés qui l'attendaient, Dieu permit qu'il eût une épreuve, qui nous rappelle celle qu'eut à endurer François de Sales encore jeune, ou celle que souffrit Vincent de Paul, lorsqu'il s'offrit à supporter la tentation d'un de ses compagnons, près de perdre la foi. Tout à coup les lumières qui l'éclairaient s'éteignirent ; il était plongé dans les ténèbres intérieures ; des péchés imaginaires se dressèrent devant lui sous une forme épouvantable, lui montrant l'enfer comme le dénouement final du drame de sa vie ; point de repos nulle part. Le Crucifix ne lui disait plus rien : dans le tabernacle régnait pour lui le silence des tombeaux. Le Dieu de l'Eucharistie semblait dormir comme autrefois dans la barque des Apôtres, agitée par la tempête ; à l'autel la divine Victime ne parlait pas non plus à son âme. Perboyre, pâle, amaigri, ressemblait à un malade qui marche rapidement vers la tombe.

Au milieu de tant d'épreuves Perboyre n'hésite pas. Aussi mérite-t-il que Dieu le soutienne, qu'il fasse enfin cesser ses épreuves, en changeant ses tristesses en joies, ses angoisses en une paix délicieuse, en fortifiant de plus en plus l'invincible espérance qui lui faisait dire : « Quel bonheur de se voir réduit à ne pouvoir rien espérer que de Dieu seul ! »

PRIÈRE POUR LE CINQUIÈME JOUR.

Un petit nombre seulement de justes ont eu l'occasion d'expérimenter comme vous, ô Bienheureux Jean-Gabriel Perboyre, la valeur de la confiance en Dieu : elle est notre soutien dans le long pèlerinage de la vie, notre force dans les orages qui éclatent sur nos têtes, l'arme avec laquelle nous triomphons dans les combats, le principe qui nous meut et nous entraîne quand le danger se montre et qu'il le faut conjurer, le baume qui endort nos douleurs, l'ange qui, par son aimable et tendre société, adoucit les amertumes de notre solitude, le bouclier qui nous rend invulnérables, enfin le vaisseau sur lequel nous voguons pour traverser avec sécurité le vaste espace qui sépare la terre du ciel et le temps de l'éternité.

Faites-moi, illustre martyr, participer à votre confiance illimitée dans la bonté divine ; car Dieu, dans sa miséricorde, vient puissamment au secours de ceux qui vous invoquent. Et, avec le courage que cette confiance me donnera, je pourrai surmonter toutes les difficultés qui se rencontrent dans le sentier de la perfection que je tâche de parcourir. Ces difficultés sont quelquefois au dedans de moi-même, quelquefois au dehors ; souvent elles procèdent de mes défauts naturels, d'autres fois de mes tendances et inclinations acquises, ou bien encore elles ont pour cause des accidents imprévus qui m'arrivent, ou de vieilles habitudes qui ont créé en moi comme une seconde nature.

La confiance en Dieu non seulement me rendra fort contre tant d'obstacles, mais encore elle donnera de la valeur à mes prières ; elle les rendra efficaces, spécialement celle qui est l'objet particulier de cette neuvaine, et elle m'obtiendra la grâce de voir le Père céleste et de demeurer avec Lui pendant les siècles sans fin.

AINSI SOIT-IL.

Pater, Ave, Gloria et trois fois l'invocation : Bienheureux Jean-Gabriel, priez pour nous !

La prière finale comme le premier jour.

SIXIÈME JOUR

Considération. — Vie de charité.

PREMIER POINT

La Charité, marque caractéristique
de la société chrétienne.

Aujourd'hui on parle beaucoup d'amour mutuel entre les hommes. Mais, à vrai dire, lorsque nous étudions notre société contemporaine et que nous la jugeons sans parti pris, nous ne pouvons nous expliquer qu'elle fasse si fièrement ostentation de sa fraternité. En effet, la discorde règne au foyer, où les époux, les parents, les enfants, les frères et les sœurs vivent journellement dans une lutte continuelle ; à chaque instant le duel fait couler le sang de ceux qu'on appelle gentilshommes, sur un terrain que par antiphrase on appelle champ d'honneur ; autant que les querelles, les contestations et les disputes font verser le sang du fils du peuple au milieu des rues et des places ; le jeu auquel s'abandonnent et les riches dans leurs *casinos* et leurs lieux de réunion, et ceux qui ne sont pas riches, dans des endroits d'un nom plus humble, ruine ceux qui ne sont pas favorisés de la fortune en enrichissant les autres ; les disputes politiques arment les uns contre les autres les habitants d'une même ville, d'une même cité ; les membres d'un parti ne négligent aucun moyen, aucune occasion de nuire à leurs adversaires, de les molester et les réduire à l'impuissance ; enfin la guerre sociale soulève les classes les unes contre les autres ; et, blessés par le poignard, brisés par la dynamite, on voit tomber par milliers des êtres innocents qui n'ont pas commis d'autre crime que celui d'être ce qu'on appelle aujourd'hui..... des bourgeois. Si c'est là la fraternité, nous ne savons pas à quoi on pourra donner le nom de malveillance, de haine, de férocité, de cruauté, de vengeance. Nous sommes arrivés à un tel état que nous confondons

— et c'est pitié — les mots qui ont toujours eu un sens très clair et très différent.

La seule cause d'une telle situation, c'est, il faut le reconnaître, que les hommes ont secoué le joug de l'Eglise, cette grande société des âmes, où est conservé, avec le dépôt de la vérité, le trésor de la justice et où réside, notons-le, la vraie vérité.

Ni dans les temps anciens ni dans les temps modernes, la charité n'a jamais existé là où Jésus-Christ n'est pas, soit en germe et en espérance comme dans les nations de l'antiquité, soit en réalité comme dans les peuples nés et formés au pied du Calvaire et à l'ombre de la Croix.

C'est pourquoi les païens s'étonnaient, se moquaient même de l'amour mutuel des premiers chrétiens. C'est pourquoi, si, par hasard, au milieu des sociétés infidèles, apostates et hétérodoxes de notre époque, il apparaît un philanthrope qui, par caprice ou par passion, se décide à faire le bien, ce philanthrope est une exception, et sa manière de penser et d'agir, ses affections et ses sentiments sont bien loin des délicatesses de la vraie charité.

Comparez les hôpitaux créés par la philanthropie où des employés salariés soignent les malades, avec les hôpitaux chrétiens où les Filles de Vincent de Paul accomplissent des prodiges d'abnégation ; comparez les asiles de vieillards soutenus par la bienfaisance officielle, aux asiles fondés par les Petites Sœurs des Pauvres ; établissez un parallèle entre les maisons des Enfants-Trouvés où l'élément religieux n'a pas droit d'entrer et celles qui sont gouvernées par les Filles de la Charité, et vous vous convaincrez que le véritable amour fraternel ne vit que dans le catholicisme.

La raison en est évidente. La charité vient du ciel ; on ne peut la trouver que dans les peuples qui communiquent avec le ciel ; ceux qui ont brisé leurs relations avec le ciel pourront arriver à la bienfaisance, mais à la charité, jamais.

Félicitons-nous donc d'appartenir à l'Église, foyer de la charité, et ne nous séparons jamais d'elle.

SECOND POINT

Les caractères de la vraie charité.

La vraie charité a des caractères propres qui ne permettent pas de la confondre avec aucun des sentiments — affections ou bonnes qualités — de l'homme, qu'ils soient naturels ou acquis.

Ce que l'Écriture proclame de la sagesse divine, en disant qu'elle atteint d'une extrémité du monde à l'autre fortement et suavement tout à la fois, on peut l'affirmer aussi de la charité. Librement traduite et librement appliquée, cette parole signifie que la charité se reconnaît à deux signes : la suavité et la force.

Rien de plus admirable que la force de la charité : c'est une force de consistance, parce qu'elle est ferme ; c'est une force de résistance parce qu'il n'y a pas d'obstacles, pas même ceux de l'ingratitude et des désillusions qui réussissent à l'ébranler ; c'est une force d'action, parce qu'elle ose tout et qu'il n'y a pour elle rien d'impossible ; c'est une force d'expansion parce que, nòn contente de distribuer tout ce qu'elle a, elle se donne encore elle-même ; enfin c'est une force de durée, parce qu'elle est éternelle comme Dieu et que, si nous n'ouvrons pas au péché la porte de notre âme, elle vivra toujours en nous, elle régnera dans notre cœur pendant toute la durée de notre pèlerinage ici-bas, et quand nous entrerons dans la Patrie, elle s'assiéra à nos côtés dans le séjour de la félicité.

Mais, si la charité est forte comme la mort même, à un autre point de vue elle est suave comme le parfum d'une rose.

En effet, elle se montre bienveillante dans ses pensées, jugeant les personnes et les choses aussi favorablement que possible, faisant au besoin taire la raison même ; elle est douce dans son langage, modérant les paroles et le ton même de sa voix, lorsqu'elle se voit obligée de reprendre ou de corriger des désordres ; elle est généreuse dans ses dons, parce qu'elle trouve son plaisir à faire part aux autres de ce qu'elle possède ; elle est patiente, lorsqu'elle enseigne, supportant avec une aimable indulgence la rudesse d'esprit, la lenteur et la difficulté à comprendre de celui qu'elle instruit ; elle est affectueuse envers ceux qui souffrent, les consolant, les encourageant, les soutenant, sans se laisser rebuter par les impertinences et les entêtements des malheureux ; elle est tendre et compatissante pour le faible à qui pour le soutenir elle prête son bras ; enfin elle est discrète dans ses œuvres, ayant bien soin d'agir toujours sans humilier et faire rougir ceux qui reçoivent ses dons. La charité devine les goûts du prochain ; elle connaît ce qui l'afflige et elle évite de le blesser, elle comprend ce qui lui nuit pour l'écarter, elle sait ce qui lui convient et lui est utile pour le lui procurer.

Voilà les traits caractéristiques de la charité ; nous pouvons reconnaître maintenant si nous possédons en nous cette vertu. Examinons-nous donc sur ce point ; et pour rendre notre examen profitable, prenons les résolutions que la charité chrétienne nous inspire. En même temps, si Dieu nous a enrichis de ce don précieux remercions-Le ; si nous ne le possédons pas encore, demandons-le-Lui ; si nous croyons qu'il a besoin d'être augmenté, prions-Le de l'accroître en nous.

TROISIÈME POINT

La charité attractive de Perboyre.

Quelques personnes qui aspirent à la vie parfaite, pratiquent une charité sèche, aride, sans bonté, sans tendresse, sans charme, presque maussade. Ce n'est pas là la charité chrétienne, celle que le Christ nous enseigne ni celle que pratiquait Jean-Gabriel Perboyre. Un de ses contemporains a dit en parlant de lui : « Il n'était pas doux, mais la douceur même. »

Rien de plus beau que ses soins et sa sollicitude pour son frère Louis, lorsqu'ils étaient ensemble au collège de Montauban. « C'était un saint, s'écrie l'un de ses biographes, instruisant un autre saint, un martyr formant un confesseur. »

Ses égards envers ses compagnons allaient jusqu'aux dernières limites de la délicatesse. « Sa condescendance vis-à-vis de moi, écrit l'un d'eux, parlant du temps de leur noviciat, était admirable. Lorsque je ressentais de la langueur ou de l'abattement, il trouvait moyen de me consoler et de m'encourager, en me rappelant les tribulations par lesquelles avaient passé les saints. »

Enfin la physionomie de Perboyre, se faisant chaque jour plus attrayante, grâce à la charité, nous captive et nous émerveille lorsque nous le considérons jeune prêtre, professeur à Montdidier, supérieur au petit séminaire de Saint-Flour. Vigilant, zélé pour le bien, toujours ardemment désireux de rendre service, il était, dit un pieux auteur, le représentant visible de l'ange gardien de chacun de ses élèves.

Jamais la médisance ne souilla ses lèvres ; il trouvait toujours des raisons secrètes pour excuser le coupable, au moins pour diminuer sa faute. Jamais non plus il ne se montra dur dans ses reproches ; il était ingénieux à réprimander ou corriger sans blesser. Un jour, lorsqu'il était sous-directeur au séminaire interne, il remarqua qu'un séminariste avait, malgré la défense qui en avait été faite, cueilli dans le jardin des fleurs qu'il tenait encore à la main.

Jean-Gabriel ne dit rien ; mais, cueillant une fleur à son tour, il la regarde un instant, puis la laissa tomber en disant : « Il est défendu de prendre des fleurs, et je n'y pensais pas. » Cet avis, plein de charité ne passa point inaperçu pour le coupable.

Aussi, — faut-il s'en étonner ? — Jean-Gabriel fut partout tendrement aimé ; et, lorsqu'il quitta Montauban, comme lorsqu'il quitta Montdidier et Saint-Flour, ses supérieurs, ses collègues, ses élèves et ses camarades versaient d'abondantes larmes : c'était un ange qui s'éloignait d'eux.

Nous ne pouvons résister au désir de transcrire ici quelques pensées d'une lettre par laquelle le Bienheureux répondait à un prêtre qui lui avait recommandé son frère : « Je ne puis vous exprimer, disait Perboyre, avec quelle joie j'ai embrassé ce cher jeune homme..... Comme vous le supposez, je ressens pour lui une affection de père. Je regrette, continuait-il, que Philémon n'ait pas répondu à l'admirable Épître de saint Paul ; cela m'eût aidé à répondre dignement à la vôtre. Figurez-vous, conclut-il pour tranquilliser complètement ce prêtre, figurez-vous que je suis pour votre frère un autre vous-même.»

Voilà l'âme de Jean-Gabriel avec sa bonté exquise, son aimable tendresse et son incomparable charité.

Ne trouvez-vous pas très grand le Christianisme qui est capable de former de tels hommes ?

PRIÈRE POUR LE SIXIÈME JOUR

Pourquoi, ô mon Dieu, m'en coûte-t-il tant d'aimer le prochain ? En apparence pourtant cela semble si facile. Lorsque quelqu'un se montre affectueux et généreux, qu'il m'offre ce qu'il possède, ou quand il ne me traite pas en ennemi, mon cœur s'ouvre sans effort à la bienveillance et je l'aime. Mais lorsqu'on m'humilie, lorsqu'on me regarde avec un superbe dédain, lorsqu'on me persécute et qu'on m'enlève le pain, l'honneur, la paix,..... tout ce qui faisait mon bonheur, aimer alors me paraît extrêmement difficile, quelquefois même impossible. D'où cela vient-il, ô mon Dieu ? Ah ! je le comprends déjà ; c'est que je ne suis pas encore arrivé à la hauteur où les saints se sont élevés ;

c'est que je n'ai pas imité le Bienheureux Perboyre. J'ai vu dans mon frère, l'homme avec ses faiblesses, ses misères, ses péchés et ses crimes ; je ne l'ai pas considéré comme le fils de mon Père céleste, le bien-aimé du Christ, la créature bénie teinte du sang rédempteur et revêtue de la tendresse du Dieu fait homme..

Ainsi comprend-on, ô illustre martyr, votre compassion pour les idolâtres, votre bienveillance pour les persécuteurs qui vous haïssent, votre amour ardent pour vos bourreaux.

Puissé-je être votre imitateur ! du moins j'essaierai de l'être. Je pardonnerai pour que Dieu me pardonne ; je serai miséricordieux pour que Dieu me fasse miséricorde ; je donnerai pour que Dieu me donne ce dont j'ai besoin et spécialement sa grâce et la faveur que je demande dans cette neuvaine, et, ensuite, la vie éternelle.

AINSI SOIT-IL.

Pater, Ave, Gloria et trois fois l'invocation : Bienheureux Jean-Gabriel, priez pour nous.

La prière finale comme le premier jour.

SEPTIÈME JOUR

Considération. — Vie de zèle.

PREMIER POINT

Le zèle inséparable de l'amour.

Toute personne qui aime son prochain ne peut manquer d'avoir du zèle.

Quelques-uns s'imaginent que le zèle des âmes est le propre exclusif des hommes apostoliques, destinés, en vertu d'une vocation spéciale à convertir les infidèles ou les hérétiques ou à ramener les pécheurs dans le bon chemin. D'après eux, le zèle est une qualité sacerdotale ; et l'absence de cette vertu ne rabaisse pas, ne diminue pas, ne ternit pas la beauté morale des simples fidèles, qui ne sont pas revêtus du sacerdoce.

Rien de plus faux que ces idées.

D'abord elles sont démenties par nos ancêtres : dans les trois premiers siècles du Christianisme, tous les disciples du Crucifié étaient des Apôtres de l'Evangile : le soldat prêchait dans sa légion, profitant de toutes les occasions pour s'insinuer dans l'esprit de ses camarades ; le savant prêchait au milieu de ceux qui s'adonnaient avec lui à la culture laborieuse de la science ; le sénateur prêchait devant les membres de l'auguste assemblée qui avait sur les destinées de Rome une si grande influence ; le modeste travailleur lui-même exerçait son zèle avec les ouvriers, occupés, comme lui, aux travaux de la ville ou de la campagne. Cet esprit de propagande fut un des moyens humains employés par la divine Providence pour hâter l'extension de la Bonne Nouvelle.

L'exemple de nos premiers ancêtres fut imité par les fidèles des âges postérieurs. Il est vrai que le sacerdoce catholique eut la part principale dans la conversion des barbares du Nord ; mais il est vrai aussi que pour obtenir ce glorieux triomphe l'élément laïque fut d'un grand secours ; et sous ce nom il faut comprendre non seulement les moines dont beaucoup étaient laïques, mais encore un bon nombre de chrétiens qui vivaient au milieu du monde.

Il n'en pouvait être autrement. L'amour n'est pas un véritable amour, s'il ne produit pas dans l'âme un vif désir de faire du bien à la personne aimée ; ce désir ne permet pas le repos à celui qui aime. L'amour l'agite, le pousse à chercher l'occasion de se rendre utile, à consoler la personne aimée, si elle est triste, à l'encourager, si elle craint, à lui donner un bon conseil, quand elle hésite et ne sait quel chemin suivre, à l'éloigner du danger, même au risque de sa propre vie, si elle est menacée de quelque catastrophe.

L'amour de charité, qui est le plus fort des amours, ne pouvait faire moins que de produire ces effets dans le fidèle, en l'obligeant à s'intéresser à tous les hommes et à leur procurer les seuls biens vraiment dignes de ce nom, la vérité, la justice, la sainteté sur la terre et le bonheur éternel dans le ciel.

Disons-le hautement, le zèle et l'amour sont deux mots corrélatifs qui s'accordent entre eux comme la voix et l'écho ; et c'est en vain qu'il s'imagine avoir la charité celui qui manque de zèle.

SECOND POINT

Le zèle bien compris.

Le zèle est une vertu extrêmement sujette à divers écarts. Quelquefois on appelle ardeur du zèle les emportements du caractère ; et aux ténacités de l'amour propre, on donne le nom de fermeté dans l'exercice ou la pratique des œuvres de zèle ; par ailleurs les craintes de la lâcheté se déguisent sous le masque de la prudence ; et le quiétisme de la paresse, se couvrant d'un voile fascinant, s'appelle l'habileté qui sait attendre l'heure opportune sans prévenir ni précipiter les événements.

On comprend maintenant que le zèle doit avoir des qualités et des caractères qui le distinguent du faux zèle. Il faut y faire bien attention pour ne pas se tromper.

Premièrement le zèle doit être ardent, un zèle froid serait impuissant : ce serait comme une petite et faible force, destinée à mettre en mouvement une machine énorme, gigantesque, et qui évidemment ne produirait aucun effet. Le zèle doit être aussi discret, sinon, il obtiendra un résultat contraire à celui qu'il cherche ; si un moteur colossal n'était pas dirigé avec intelligence il ne causerait que des dommages et des désastres parfois irréparables. Enfin il faut que le zèle soit persévérant ; car l'expérience et le bon sens nous montrent que des efforts constants finissent par vaincre toutes les résistances et par se frayer un chemin. C'est pour cette raison que les anciens disaient : « *Gutta cavat lapidem,* la goutte d'eau qui tombe continuellement sur la pierre, à la fin y fait un trou » ; pour cette raison aussi que les disciples de Satan, formés à l'école et dociles aux leçons de ce grand maître, qui, au lieu de la bonté, possède à un haut degré la science pratique de soumettre les volontés, ne se découragent jamais ; pour cette raison qu'ils n'abandonnent jamais leurs iniques projets, malgré des insuccès répétés, mais recommencent sans cesse, jusqu'à ce qu'ils obtiennent d'abord en partie, puis totalement ce qu'ils poursuivent.

Les auteurs ascétiques notent encore d'autres qualités du zèle ; mais étudiées à loisir, elles se ramènent toutes facilement à celles que nous venons d'indiquer. Car, si le zèle est vif et ardent, il sera généreux, il ne reculera pas devant les sacrifices, si pénibles qu'ils soient ; s'il est discret, il sera doux et suave, et joindra à ces deux qualités une fermeté constante ; s'il est persévérant, il sera aussi patient et résigné.

Reconnaissons-nous dans ce portrait du zèle que nous venons d'esquisser à grands traits, notre zèle à nous, celui que nous croyons posséder ?

TROISIÈME POINT

Fécondité du zèle de Perboyre.

« *Consummatus in brevi explevit tempora multa.* Il vécut peu, mais il fit beaucoup. » Ces paroles peuvent être rigoureusement appliquées au Bienheureux Perboyre. Il vécut peu : né le 6 janvier 1802, il fut martyrisé le 11 septembre 1840 ; son séjour parmi nous ne dura que 38 ans. Il passa comme l'éclair, mais il fit beaucoup. Car tout prêchait en lui : sa modestie, qui inspirait à tous ceux qui avaient l'occasion de l'admirer non seulement de l'amour, du respect et de la vénération pour sa personne, mais encore de l'amour et de la sympathie pour la religion ; ses exemples, car chacun de ses pas était une éloquente leçon de vertu et de vertu exquise ; ses paroles pleines d'une nourriture substantielle qui, enveloppée dans un miel délicieux, avait une saveur très agréable ; enfin ses œuvres, qui étaient toutes saintes et dans leur objet et dans leur fin et dans la manière de les accomplir.

On ne saurait dire l'influence prodigieuse du zèle de Perboyre ; les personnes ferventes qui le voyaient, l'entendaient et s'approchaient de lui, devenaient de plus en plus ferventes ; celles qui étaient froides ou indifférentes, se sentaient por-

tées à la dévotion ; les pécheurs se repentaient de leurs fautes et versaient des
larmes aussi abondantes qu'étonnantes ;
les infidèles même et les idolâtres ressentaient, en la présence du serviteur de
Dieu, une émotion étrange, comme s'ils
avaient entrevu avec lui quelque chose
de divin.

Sa vie exemplaire au collège préserva
un grand nombre de ses camarades de
pièges où ils auraient péri ; son assiduité
à l'étude aiguillonnait ses confrères et fut
cause qu'ils parvinrent à devenir la gloire
et l'ornement de la Congrégation de la
Mission. Sa vigilance comme supérieur,
son activité infatigable pour l'éducation
des jeunes gens confiés à ses soins, ses
leçons pratiques, ses œuvres marquées au
coin de la plus haute perfection aidèrent
à la formation de bien des saints, qui,
bien qu'ils ne soient pas placés sur nos
autels, constituent au grand Vincent de
Paul une riche couronne. Sa sainteté
enfin si resplendissante, — les aveugles
seuls pouvaient ne pas le remarquer, —
et en même temps si sympathique, si
attractive, confirma dans la foi des chré-

tiens timides, qui chancelaient ; rendit la foi à quelques apostats, qui l'avaient reniée par crainte, et même elle gagna de nouveaux adeptes au Christianisme en les obligeant à tomber à genoux aux pieds de la Croix. Trompés par de honteuses calomnies, propagées avec une perfidie satanique, contre la religion du Crucifié, ils s'étaient représentés les chrétiens comme des bêtes féroces et sanguinaires qui mettent leur plaisir à tuer et à dévorer ; la vue de Perboyre avec sa bonté, son affabilité et sa patience héroïque suffisait pour détruire un pareil préjugé.

Qu'importe que la vie de Jean-Gabriel ait été brève, puisque dans ses courtes années il amassa de grandes richesses et s'acquit une gloire immortelle.

PRIÈRE POUR LE SEPTIÈME JOUR

La charité se perfectionne dans le ciel ; le zèle, qui en est le fruit, ne peut faire moins que de s'y accroître aussi. Il est donc indubitable que si le désir de sauver des âmes vous dévorait, ô Bienheureux

Jean-Gabriel Perboyre, lorsque vous étiez sur la terre, ce même désir doit remplir maintenant votre cœur. Si alors personne n'échappait à la chaleureuse influence de votre charité, maintenant tout le monde doit en ressentir les bienfaisants effets.

Cette pensée, ô insigne apôtre de la Chine, me console plus que je ne puis dire, car elle me fait concevoir la douce espérance que, malgré mes grandes misères, vous n'éloignerez pas votre regard de moi. Non seulement les bons, mais les méchants eux-mêmes, non seulement les âmes généreuses dont vous attendiez une moisson abondante d'œuvres vertueuses, mais encore les cœurs vils et dégradés étaient l'objet de votre sollicitude ; vous portiez même intérêt à vos juges indignes, à vos cruels bourreaux qui semblaient avoir étouffé en eux tout sentiment d'humanité ; pourriez-vous donc m'oublier ? Il est vrai que je n'ai ni qualité, ni titre qui me donnent droit à vos faveurs ; mais j'ai un désir ardent de me purifier de mes souillures, de me corriger de mes défauts, de réfréner mes passions et de marcher généreusement dans le sentier de la justice.

Aidez-moi à accomplir cette œuvre laborieuse et difficile ; obtenez pour mon âme par vos instances auprès du Sacré-Cœur de Jésus toutes les grâces qui me sont nécessaires, avec celle que je vous demande particulièrement dans cette neuvaine.

Ainsi vous montrerez que les justes du Ciel ne méprisent pas les misérables pèlerins de la terre ; et je pourrai avoir l'assurance d'être un jour au nombre des bienheureux qui, durant les siècles sans fin, règneront avec vous dans la Sainte Sion. AINSI SOIT-IL.

Pater, Ave, Gloria et trois fois l'invocation : Bienheureux Jean-Gabriel, priez pour nous !

La prière finale comme le premier jour.

HUITIÈME JOUR

Considération. — Vie d'amour.

PREMIER POINT

Le culte digne de Dieu, c'est l'amour.

Qu'on doive à Dieu tout honneur, et toute gloire, c'est une vérité si claire et si évidente qu'elle est devenue banale. Soit que nous considérions sa grandeur souveraine, soit que nous nous rappelions les obligations que la reconnaissance nous impose envers Celui de qui viennent tous nos biens, il est hors de doute qu'à Dieu appartient la plus belle fleur de nos jardins, le plus aromatique et le plus pur encens, distillé par l'écorce des arbres, l'or le plus excellent qui soit extrait de la terre, la plus fine perle, le plus riche diamant de la mer ou de la montagne. Néanmoins qu'est-ce que tout cela en comparaison de ce que Dieu mérite et de ce que l'homme est obligé de lui offrir ? On peut affirmer que nous ne lui avons rien donné, tant que nous ne nous sommes pas donnés nous-même à Lui complètement, sans restriction et sans réserve.

Or, l'homme ne se donne que lorsqu'il donne son cœur. Nous fussions-nous dépouillés de tout ce qui nous appartenait; eussions-nous mis aux pieds de Dieu nos parures, nos bijoux artistiques qui étaient l'ornement de notre maison, les palais dont nous avons hérités de nos illustres ancêtres, les riches propriétés qui faisaient de nous des magnats opulents, les honneurs dont nous étions revêtus, l'autorité qui nous avait été communiquée ; la science que nous avions acquise avec effort, ce ne serait rien si nous conservons notre cœur pour nous, si nous le gardons et nous le réservons ; nous avons donné il est vrai ce que nous possédions, ce que nous aimions plus ou moins ardemment, mais nous ne nous sommes pas donnés nous-même.

Notre cœur est le centre de notre vie, et, de quelque manière que ce soit, le siège de notre personnalité, là mesure de notre force et de notre valeur ; et, jusqu'à ce que nous le soumettions par amour, la place, c'est-à-dire l'être humain, reste non conquis, semblable à une ville assiégée, dont la garnison repliée dans la forteresse qui la domine, se défend vigoureusement.

De tout cela on peut conclure que l'essentiel dans le culte que nous rendons à Dieu, ce ne sont ni les nuages parfumés de l'encens qui remplissent, aux jours des grandes solennités, les enceintes du lieu sacré, ni les harmonies de l'orgue qui résonne sous les voûtes du sanctuaire, ni le chant des prêtres, ni les fleurs qu'on répand, ni les cierges qui brûlent devant l'autel, mais l'amour de ceux qui se réunissent aux pieds des saintes images du crucifix ou au pied du tabernacle.

Tout cela, encens, chants, fleurs, cierges offerts par amour, et par un amour vivifié, paraît beau aux yeux du Père céleste ; mais sans l'amour ce n'est que bruit, matière inerte, cadavre sans vie.

Rien de plus évident que cette vérité. Et pourtant combien petit le nombre des chrétiens qui y font attention ! Soyons de ce petit nombre.

SECOND POINT

Notre gloire, c'est d'aimer Dieu.

L'idée de la gloire est comme celle du bonheur ; elle représente pour chacun quelque chose de différent. Pour quelques-uns la gloire, c'est la puissance ; pour d'autres, c'est la sagesse ; pour d'autres encore, c'est la force et la bravoure. Pour beaucoup la gloire, c'est le génie artistique, etc., etc. Mais ce qu'il faut remarquer au milieu d'une telle variété d'opinions, c'est que tout le monde regarde la gloire comme une chose de valeur, comme une chose qui sort du commun et de l'ordinaire, qui nous élève au-dessus des êtres dont nous sommes entourés et spécialement de nos semblables.

Partant de ce principe, nous ne craignons pas d'appeler l'amour de Dieu la gloire suprême ; car il n'y a rien qui puisse nous élever et nous rehausser autant que l'amour divin.

L'un des effets les plus importants de l'amour et des plus dignes d'être remarqués, est — c'est une vérité universellement reconnue — de nous faire participer aux conditions de l'objet aimé ; celui-ci communique à la personne qui aime quelque chose de sa propre nature. Saint Augustin enseignait et exposait cette doctrine d'une manière aussi claire que belle : « Aimez-vous ce qui est terrestre, disait-il, vous vous convertissez en terre, votre cœur devient terrestre. Aimez-vous l'or, votre cœur se métallise, et, en quelque endroit qu'on le touche, il résonne comme le métal. Aimez-vous la chair, votre cœur se transforme en chair et fuit tout ce qui se rapproche de l'esprit. Aimez-vous, comme les femmes qui donnent le ton, l'élégance, les ornements du corps, les *falbalas*, en un mot, les chiffons, votre cœur semble prendre la condition et la nature des chiffons, qui, à le bien considérer, ne sont que les enveloppes de la misère humaine. Aimez-vous ce qui est petit, votre cœur devient petit. Aimez-vous ce qui est grand ; votre cœur s'agrandit.

De là se tirent une multitude de conséquences pratiques relatives à l'amour divin. Comme Dieu est le Très-Haut, lorsque nous aimons Dieu nous nous élevons au-dessus des plus grandes hauteurs qu'on puisse concevoir. Dieu est l'Immense ; le cœur de celui qui L'aime se dilate bien au delà des vastes mers, au delà des espaces sans fin où roulent les astres. Dieu est l'Éternel et l'Immuable ; si nous L'aimons vraiment, nos pensées mouvantes comme le flux et le reflux des ondes, nos affections variables comme les vents, se fixent, s'affermissent, acquièrent la stabilité des roches et défient comme eux le temps et les tourmentes. Dieu est Lumière ; ceux qui L'aiment jouissent d'un jour éternel sans nuit et sans ténèbres. Dieu est Chaleur ; ceux qui L'aiment ne sentent point les froids rigoureux de l'hiver. Dieu est la Vie ; ceux qui sont fidèles à son amour ne meurent pas. Enfin, pour le dire d'un seul mot, ceux qui aiment Dieu se divinisent, parce que Dieu est Dieu.

Qui pourrait maintenant douter que la gloire des gloires soit d'aimer Dieu ?

TROISIÈME POINT

*Jusqu'à quel point le Bienheureux
Perboyre aima Dieu.*

Il y a des degrés dans toutes les vertus ; nous en trouvons aussi dans l'amour de Dieu. Il est très difficile de mesurer même approximativement ces degrés. Sans thermomètre nous pouvons parfaitement distinguer s'il fait chaud ou froid, si la chaleur est grande ou petite, de même nous discernons facilement qui aime Dieu et qui ne l'aime pas, qui l'aime avec ardeur et qui l'aime avec tiédeur.

À la vue de Jean-Gabriel encore enfant, prosterné devant le tabernacle, le visage en feu, les yeux fixes et immobiles, qui ne dira que l'amour divin a prévenu cette sainte créature ? En l'entendant, pendant ses études à Montauban, répéter, lorsqu'il se croyait seul : « O mon Jésus ! ô mon Sauveur ! » qui ne s'écrierait tout édifié : « *Ex abundantia cordis os loquitur,* la bouche parle de l'abondance du cœur » ? En le voyant encore adolescent, rechercher les écrits de saint Jean Climaque ou de sainte Thérèse de Jésus et s'y complaire, qui ne reconnaîtra que l'amour divin, comme un soleil, éclaire le jeune homme privilégié pour lui faire mieux comprendre les mystérieuses vérités cachées dans ces écrits ? En remarquant la ferveur avec laquelle il récite le Bréviaire de son sous-diaconat qui n'admettra que Perboyre s'embrase de la divine charité ?

Sa vie fut un acte ininterrompu d'amour. S'il contemplait la nature matérielle, chaque créature lui parlait de Dieu à sa manière et dans son langage, et, enflammant l'idée qu'il avait déjà des perfections divines, fournissait un aliment nouveau à son ardent amour. S'il mangeait, s'il buvait, s'il se reposait, s'il travaillait, s'il étudiait, il offrait tout à Dieu comme un tribut de son amour. Ses joies comme ses plus rudes épreuves étaient une occasion pour lui de s'approcher plus près de Dieu. Enfin, ses conversations avec le prochain, il lui était impossible de ne pas les assaisonner d'allusions discrètes et opportunes à l'objet privilégié de ses tendres affections.

Telle était sa manière d'être et d'agir. Il aimait à se rappeler souvent ces mots de saint Vincent, son glorieux père : « Il vaudrait mieux pour nous être jetés sur des charbons ardents que de faire une action dans le but de plaire aux créatures. »

Pour conclure nous dirons que l'amour consuma et dévora Perboyre comme sa victime : l'illustre martyr fut immolé plutôt par la violence de son amour que par la cruauté de ses bourreaux ; il se livra par amour aux mains de ses ennemis, il donna par amour sa vie pour Jésus-Christ.

Il est donc impossible de mesurer les degrés de la charité de Jean-Gabriel ; mais nous pouvons lui appliquer l'éloge que le Christ a fait de la généreuse Madeleine : « Elle a beaucoup aimé ».

PRIÈRE POUR LE HUITIÈME JOUR

Seigneur, vous êtes venu sur la terre pour allumer dans les cœurs des hommes la flamme du divin amour ; et, dans ce but, vous restez nuit et jour dans nos tabernacles ; votre désir le plus vif est de nous voir enflammés de ce feu divin ; cependant, qui vous aime aujourd'hui dans le monde ? Non seulement les impies et les indifférents, mais ceux mêmes qui se disent bons payent mal vos bontés : tous pèchent souvent par manque d'amour et par froideur ; et voilà le motif des plaintes amères qui s'échappent constamment de votre cœur.

Malheureusement je suis du nombre de ceux qui les provoquent ; ma conscience me le dit tous les jours et vous-même me le faites sentir chaque fois que je m'approche de votre tabernacle ; car, Seigneur, je crois vous voir, triste et sévère.

Je désire, ô Père très miséricordieux, sortir de cet état qui n'a rien de tranquillisant pour moi ; je veux dès maintenant commencer à vous aimer d'un amour vif, généreux, constant, fort....., d'un amour semblable à celui des Saints.

Mais l'amour divin descend du ciel, puisqu'il est une participation du feu qui brûle en Vous-même ; je ne trouve donc pas de moyen plus sûr pour l'obtenir que de le demander aux bienheureux, aux justes qui sont le plus près de votre cœur.

Vous avez rang parmi eux, ô débonnaire Jean-Gabriel Perboyre ; c'est pourquoi je vous prie de m'obtenir une étincelle de ce brûlant amour qui s'appelle le cœur de Dieu et de la laisser tomber sur le mien.

De la sorte, moi, qui suis si petit, je deviendrai grand ; moi, qui suis si pauvre, je deviendrai riche ; moi, si ignorant, je me remplirai de sublime sagesse ; moi, si faible, je deviendrai fort ; moi enfin, si pécheur, je deviendrai saint : car telles sont et plus merveilleuses encore, les œuvres de l'amour divin.

Ne restez donc pas sourd à ma prière. L'amour de Dieu me suffit ; car avec cet amour me viendront tous les biens, même celui que je demande dans cette neuvaine ; ainsi je serai heureux dans le temps, plus heureux encore dans l'éternité.

AINSI SOIT-IL.

Pater, Ave, Gloria et trois fois l'invocation : Bienheureux Jean-Gabriel, priez pour nous !

La prière finale comme le premier jour.

NEUVIÈME JOUR

Considération. — Vie pleine.

PREMIER POINT

Vie pleine et vie vide.

Il y a des personnes qui passent leur vie dans l'oisiveté ; elles ne font ni le bien ni le mal, elles parcourent le monde, semblables à ces nuées blanchâtres, qui, de temps à autre, sillonnent le ciel sans y laisser une trace de leur passage et sans envoyer à la terre la pluie bienfaisante. Il n'est pas nécessaire de dire qu'une telle vie est inutile, stérile, totalement vide.

Il y en a d'autres qui sont le type de l'activité, qui ne s'arrêtent pas du matin au soir. On les trouve partout ; il n'y a pas de choses, si diverses qu'elles soient, dont elles ne se mêlent. Elles prennent part aux fêtes publiques, organisées pour amuser les peuples ; car elles sont membres des commissions qui les dirigent. Elles assistent à tous les spectacles ; on les voit dans les théâtres, au cirque, etc. ; elles sont de toutes les réunions officielles comme de toutes les réunions privées ; elles prennent place à tous festins qu'on fait soit en souvenir des grands événements, soit pour célébrer des fêtes de famille ; elles sont toujours en mouvement, toujours en action ; mais, hélas ! leur instabilité folle et inconsidérée n'a aucun profit réel : leur vie peut et doit s'appeler une vie vide.

Vide également la vie de ceux qui, quoique honnêtes, agissent pour des fins et par des motifs purement naturels ; car Dieu ne peut pas donner une récompense surnaturelle à ce qui n'a pas été élevé à une hauteur surnaturelle. Il ne peut pas se donner par la grâce à celui qui n'a pas eu l'intention de lui plaire, de l'honorer et de le glorifier par ses actes.

D'un autre coté, il y a des chrétiens, qui, vivant d'une vie commune, sans beaucoup agir, sans rien faire d'extraordinaire, inclinent toujours du côté de la volonté divine. Ils ne conçoivent aucune pensée dans leur esprit, ils ne forment aucune affection dans leur cœur, ils n'accomplissent aucune œuvre, si petite soit-elle, qui n'ait la grâce pour principe, la gloire de Dieu pour fin, et pour inspiratrice la charité la plus pure.

La vie de ces chrétiens ne sera pas célèbre comme celle des grands héros de la Religion, qui, par les luttes de la parole où ils firent éclater la vertu du Très-Haut dont ils étaient revêtus, étendirent les frontières du royaume du Christ, en y introduisant des nations entières. Leur vie ne sera pas non plus célèbre comme celle des martyrs, qui, poussant la générosité jusqu'aux dernières limites, sacrifièrent à la cause catholique leur temps, leurs forces, leur liberté, même leur existence. Peut-être leurs noms resteront-ils perpétuellement ignorés ici-bas, — l'histoire qui ne les connaît pas, ne les gravera pas dans ses annales ; — mais ils seront écrits dans le grand livre de l'éternité ; les exploits accomplis par de tels chrétiens resteront ineffaçables dans la mémoire du Tout-Puissant. Aussi leur vie, toute modeste et obscure qu'elle soit, mérite d'être appelée une vie pleine.

Maintenant choisissez entre ces deux vies, la vie vide et la vie pleine. Laquelle vous semble la meilleure ? Certainement vous n'hésiterez pas ; la dernière aura toutes vos sympathies.

SECOND POINT

Les fruits de ces deux vies.

Celui qui vit d'une vie inutile et infructueuse, pourra se procurer des plaisirs, des amusements agréables ; mais sûrement il ne sera pas content de lui-même. L'enfant, le petit enfant, ne se sent pas humilié par ses frivolités et ses légèretés ; mais l'homme, déjà formé, a des aspirations sérieuses ; et, quand il ne s'élève pas au-dessus de la recherche des bagatelles et des futilités insignifiantes, il n'éprouve que honte et embarras, dégoût, affliction. Mais il y a quelque chose de plus déplorable encore. Dieu nous accorde ses grâces à proportion des services que nous lui rendons. Même ici Il suit une règle, un ordre plein de justice. Si donc, à cause du nombre et de la perfection de nos œuvres, notre vie mérite d'être appelée une vie pleine, Dieu versera abondamment ses dons sur nous ; Il fera croître en nous la sainteté et avec elle la paix et le bonheur ; car, nous le savons et par la foi et par une expérience constante, il n'y a pas de repos pour l'impie ; il n'y a de vraiment heureux que celui qui, pur de toute tache, marche dans les sentiers du Seigneur. Si, au contraire, notre vie est vide, le Père céleste raccourcira son bras ; Il fermera sa main et ne nous enverra ni un rayon de sa lumière ni une goutte de sa rosée : malheur mille fois plus grand que nous ne pouvons croire ; car il n'y a pas de pauvreté, de misère, d'indigence comparable à celles que produit la privation ou la diminution de la grâce.

De plus, notre vie sur la terre, personne ne peut le nier, est un voyage rapide ; nous marchons toujours, sans nous arrêter un instant, vers l'éternité ; là nous attendent des récompenses ou des peines proportionnées aux œuvres que nous aurons faites en ce monde. Que recevra, d'après cette règle, celui qui, à la mort, sera trouvé n'avoir rien fait de profitable ici-bas, n'avoir vécu que d'une vie inutile, vaine, totalement vide ? Ira-t-il au ciel, séjour destiné aux ouvriers qui travaillent avec persévérance dans la vigne du Père de famille, aux soldats qui combattent le bon combat ? S'il ne tombe pas en enfer, il sera tout au moins condamné à souffrir longtemps dans les ténébreuses prisons du purgatoire.

Au contraire, ceux qui s'efforcent de profiter du temps, verront d'un visage tranquille la mort approcher. Quand elle leur aura fermé les yeux, ils s'en iront dans un doux et agréable sommeil, sur les ailes des Anges, se réveiller dans la sainte Sion, aux sons des accords harmonieux des concerts célestes ; ils se trouveront face à face avec Dieu, qui les regardera d'un œil bienveillant avec la tendresse d'un père ; et ils commenceront à goûter de pures et ineffables délices, qui ne finiront jamais.

Cela mérite réflexion. Vous ambitionnez avec ardeur de devenir grands et riches, d'obtenir des honneurs qui se dissipent comme la fumée, d'amasser de l'or que les voleurs peuvent ravir ; et vous ne voudriez pas devenir grands et riches selon Dieu, obtenir des honneurs éternels, posséder des richesses impérissables ! est-ce possible ? Qu'ils sont insensés ceux que la mort épouvante et qui néanmoins ne veulent pas employer les moyens simples et faciles qui pourraient dissiper leur crainte exagérée !

TROISIÈME POINT

Vie pleine de Perboyre.

Rien ne nous confond autant que la comparaison de la vie pleine de Perboyre avec la nôtre, qui est si vide.

Il profite merveilleusement du temps ; et nous, nous dissipons misérablement les jours, les mois et les années. L'enfance n'est pas pour Jean-Gabriel ce qu'elle est pour nous, ce qu'elle est pour la généralité des hommes, l'âge des jeux où l'on ne pense à rien de sérieux : Jean-Gabriel, encore enfant, pense à Dieu. L'adolescence n'est pas pour lui l'âge des aspirations vaniteuses, où on rêve de paraître un homme, c'est le temps de se préparer pour les grandes entreprises de sa vie. La jeunesse n'est pas pour lui l'âge des plaisirs et des divertissements, l'âge où on lâche la bride à la concupiscence et aux passions ; c'est le temps des nobles audaces, des saintes hardiesses, des hautes pensées, des projets généreux. Enfin les jours de la maturité ne sont pas pour lui des jours où l'on fait sa fortune ou celle de ses parents, où l'on acquiert la gloire, où l'on se fait un nom que la postérité considérera peut-être comme le plus précieux des héritages ; non, ce sont les jours du travail et de la fatigue, où le saint homme redouble de soins pour mériter et augmenter ses richesses dans la gloire divine.

Perboyre profite non seulement du temps, mais aussi des grâces que le Père des miséricordes verse sur lui. A peine sait-il que Dieu l'appelle au sacerdoce que, aussitôt, il écrit à son bien-aimé père dont il était l'espérance et l'appui, ces mots : « Je connais le besoin que vous avez de mon pauvre secours ; mais comme Dieu me demande d'embrasser l'état ecclésiastique, je ne puis pas suivre un autre chemin. » Nous savons aussi quelle est sa fidélité, quand à la vocation sacerdotale s'ajoute la vocation religieuse, quand la vocation sacerdotale et la vocation religieuse prennent la forme de vocation apostolique, quand enfin la vocation apostolique s'élève à son plus haut degré, la vocation au martyre.

Il ne perd aucune occasion de faire le bien : à la maison, il est le catéchiste de ses frères et des enfants des environs ; au collège, le modèle de ses camarades ; dans sa chaire de professeur, le maître d'une double science, la science ecclésiastique et la science des saints ; dans son *supériorat,* il est le soleil qui de ses bienfaisants rayons éclaire la terre par sa splendeur et l'échauffe par sa chaleur ; dans les missions, il aiguillonne par son exemple le zèle des ouvriers apostoliques qui travaillent près de lui ; il convertit sa prison même en une école de vertu.

Il ne perd aucun des talents qu'il a

reçus du ciel ; son esprit, sa brillante imagination, sa parole, ses forces, la santé dont il jouit trop peu de temps ne sont employés qu'au service divin.

Si nous interrogions les anges qui entourent le serviteur de Dieu, pour savoir ce qu'il fait quand il semble oisif, ils nous diraient : « Il n'est jamais inactif, il travaille, parce qu'il aime beaucoup, selon cette parole du vénérable auteur de l'*Imitation de Jésus-Christ* : « Celui-là fait « beaucoup qui aime beaucoup. »

Ah ! quand donc commencerons-nous à imiter les exemples des saints ?

PRIÈRE POUR LE NEUVIÈME JOUR

Après avoir fait des choses qui leur ont conquis l'admiration universelle, les Saints se plaignent du peu qu'ils ont donné à Dieu. Que devrais-je dire, moi, qui, au lieu d'accomplir la loi, l'ai violée avec audace, moi, qui, lorsque je regarde en arrière, trouve dans ma vie tant de jours vides, où je n'ai pas fait une bonne œuvre, pas dit un mot utile, pas formé une seule pensée qui ne fût vaine.

En vérité, il ne m'était pas difficile de bien remplir ma vie ; car on ne me demandait pas pour cela d'agir beaucoup ni d'accomplir des exploits gigantesques. Il me suffisait de bien faire mes œuvres ordinaires, de faire les mêmes choses que j'ai faites, mais qu'il fallait faire pour Dieu. Le Seigneur ne demande des sacrifices très couteux qu'à ses amis de prédilection, comme le Bienheureux Perboyre, dont les jours ont été si bien remplis et couronnés par la fin glorieuse du martyre.

Mon Dieu, j'ignore le temps qui me reste encore à vivre ; mais je désire sincèrement n'en perdre aucun instant : je ferai du point du jour à sa fin, du crépuscule au matin, ce que vous voudrez de moi, dans le temps que Vous le voudrez et de la manière qu'il Vous plaira.

Cependant je crains ma faiblesse, mes mauvaises inclinations, mes habitudes désordonnées ; je me crains moi-même et ne me confie que dans votre divine bonté.

Par vos prières que, je l'espère, vous redoublerez dans ce dernier jour de ma neuvaine, inclinez cette bonté en ma faveur, ô glorieux Jean-Gabriel Perboyre, obtenez-moi, avec la grâce que j'ai spécialement sollicitée chaque jour, toutes les autres faveurs dont j'ai besoin. Ainsi je jugerai mon salut presque assuré ; et, après vous avoir honoré sur la terre, j'irai me réunir à vous dans le ciel où je vous paierai le tribut de ma reconnaissance pour vos bienfaits.

AINSI SOIT-IL.

Pater, Ave, Gloria et trois fois l'invocation : Bienheureux Jean-Gabriel, priez pour nous !

La prière finale comme le premier jour.

Le B. Perboyre rend le dernier soupir sur sa croix.

NOTICE

JEAN-GABRIEL PERBOYRE

Lazariste, Martyr en Chine.

Pierre Perboyre et Marie Rigal, son épouse, étaient des laboureurs aisés de la paroisse de Mongesty, au diocèse de Cahors. Chrétiens modèles, dans un pays profondément chrétien, ils furent bénis dans leurs huit enfants. Cinq d'entre eux se sont consacrés à Dieu dans la famille spirituelle de Saint-Vincent de Paul. Jean-Gabriel est aujourd'hui sur les autels, Louis est mort saintement, sur le navire qui le portait en Chine ; Jacques et les deux Sœurs de Saint-Vincent de Paul vivaient encore (en 1890), et ont assisté aux fêtes triomphales du bienheureux Jean-Gabriel.

L'enfant prédestiné, qui devait manifester la divinité de Jésus-Christ au milieu des populations de la Chine, vint au monde le 6 janvier 1802, jour de l'Epiphanie ; 38 ans plus tard, le 11 septembre 1840, il était martyrisé, et le 10 novembre 1889, le Pape Léon XIII le proclamait Bienheureux.

C'est le premier enfant du XIXe siècle à qui l'Eglise ait accordé cet honneur.

ENFANT

Dès l'âge le plus tendre, son âme se tourna vers Dieu ; il balbutiait avec joie les doux noms de *Jésus* et de *Marie*. Une piété touchante se développa en lui en même temps que les lumières de la raison. Il aimait les pauvres ; leur vue l'attendrissait, et bien souvent il leur sacrifia les petites provisions qu'on lui donnait pour aller à l'école ou aux champs.

Il fut constamment simple, humble, obéissant et laborieux.

Au catéchisme, il fit preuve de tant d'intelligence et de piété que M. le Curé le chargeait d'instruire ses camarades pendant son absence, et ceux-ci écoutaient avec plaisir les leçons de leur jeune maître.

Jean-Gabriel portait le zèle de la vérité religieuse jusque dans le sein de sa famille ;

ses parents se plaisaient à lui faire rendre
compte des sermons qu'il avait entendus, et
il s'en acquittait avec une telle ardeur que
son père lui dit un jour : « Puisque tu
prêches si bien, il faut te faire prêtre. » L'enfant baissa les yeux et versa des larmes.

Cependant ses parents le destinaient aux
travaux des champs, et Jean-Gabriel s'y livra
jusqu'à quinze ans. Le père admirait l'activité
et le savoir-faire de son fils. « La mort peut
venir me surprendre quand il plaira à Dieu,
disait-il, mes enfants ne seront pas orphelins,
Jean-Gabriel leur servira de père. »

Ce gracieux et saint enfant avait fait sa
première Communion à onze ans, avant
l'âge réglementaire fixé dans le pays. Son
âme était prête ; on le vit bien à sa ferveur.
A partir de ce jour, cette belle âme vécut
dans une intimité parfaite avec son Dieu.

Le frère de Jean-Gabriel, Louis, plus jeune
que lui, montrait aussi les meilleures dispo-
sitions pour l'étude et la piété. Il fut décidé
qu'on le confierait à M. Perboyre, oncle de
la famille, missionnaire lazariste, supérieur
du Petit Séminaire de Montauban.

Le petit Louis était très timide et d'une
santé fort délicate ; on résolut donc que
Jean-Gabriel l'accompagnerait au Petit Séminaire et qu'il y resterait quelques mois, tant
pour habituer son cher Louis que pour

compléter ses études primaires. Il avait quinze ans.

Il eut pour professeur M. Thyeis. Voici ce que ce bon prêtre écrivait plus tard à l'oncle de son élève :

« Il me semble le voir encore, blond, frais et vermeil, l'air vif et intelligent. Cet enfant nous charma tous ; nous nous engageâmes à lui faire suivre les cours de l'établissement ; vous résistâtes d'abord : Il fallait bien, disiez-vous, laisser au père un de ses fils pour cultiver ses vignes. Vous eûtes beau dire, il était décidé que l'un et l'autre ne cultiveraient d'autres vignes que celles du Seigneur.

« Au bout de deux ans d'études, Jean-Gabriel arrivait en philosophie après avoir remporté les plus beaux succès aux applaudissements de ses condisciples. « Ils l'aimaient tant ! » continue le même témoin ; je dis plus, ils avaient pour lui une tendre vénération, et ne l'appelaient que le *petit Jésus*. Ce n'est pas que parfois, en classe, un voisin de droite ou de gauche ne le taquinât un peu, mais c'était peine perdue. Le *petit Jésus* ne répondait que par un demi-sourire et un regard doux et suppliant. Et pourquoi sourire et supplier, au lieu de brusquer son léger voisin ? C'est qu'il voulait désarmer l'espiègle et non le blesser. Il y a, dans ces âmes intimement unies à Dieu et comme fondues en lui, de mystérieuses délicatesses de charité... »

L'année suivante, son professeur de philosophie s'étant retiré avant la fin du cours, c'est lui, jeune élève de dix-sept ans, qui le remplace ; on ne saurait dire combien le professeur improvisé fut goûté de ses élèves.

Doué des qualités les plus brillantes et les plus solides, Perboyre aurait pu parcourir une brillante carrière dans le monde ; mais son cœur était fixé depuis longtemps, c'était un cœur d'apôtre.

Un jour, comme il venait d'entendre un sermon, il dit à son oncle : « Je veux être missionnaire. » A la fin de sa rhétorique, dans un exercice public, il lut un morceau de sa composition : *La Croix est le plus beau des monuments ;* l'âme du futur martyr se révélait tout entière. Il écrivait encore : « Ah ! qu'elle est belle cette croix plantée au milieu des terres infidèles et souvent arrosée du sang des apôtres de Jésus-Christ. »

PRÊTRE

DE LA CONGRÉGATION DE ST-VINCENT DE PAUL

Jean-Gabriel fit son noviciat à Montauban, et il prononça ses vœux le 28 décembre 1820. Ses supérieurs l'appelèrent ensuite à Paris pour continuer ses études ecclésiastiques ; ils l'envoyèrent bientôt professer la philosophie au collège de Montdidier. Enfin, il fut ordonné prêtre le 23 septembre 1825, à Paris, dans la chapelle des Filles de la Charité.

Toutes les vertus du jeune religieux étaient singulièrement embellies par la candeur, la douceur, la simplicité. Sa physionomie était du petit nombre de celles qu'on ne se rassasie jamais de voir ; c'était comme un reflet de beaucoup de grâces divines, une expression de beauté intérieure.

Comme il disait bien la messe ! quelle ferveur à l'autel ! En chaire, son esprit et son cœur parlaient à la fois ; mais c'était l'esprit de sainteté, c'était un cœur tout brûlant de l'amour divin. On l'appelait le *petit saint*.

Comme tous les saints, il avait une grande dévotion à la Très Sainte Vierge ; ce n'était point une dévotion vulgaire et tiède : à sa persévérance à l'honorer et implorer sa protection, se joignaient une confiance, un abandon, une émotion qui ressemblaient à l'émotion d'un fils qu'on verrait tantôt aux genoux, tantôt dans les bras d'une mère chérie et adorée.

Après son élévation au sacerdoce, le Bienheureux avait été chargé de la chaire de théologie dogmatique au grand Séminaire de Saint-Flour.

En 1827 (il avait vingt-cinq ans), on lui confia la direction de la pension ecclésiastique de Saint-Flour, dont la situation particulièrement difficile réclamait un supérieur prudent et actif. La pension avait trente élèves ; l'année suivante elle en eut plus de cent.

On était si heureux de vivre sous l'autorité d'un saint !

« Pendant six ans, raconte un de ses élèves, j'ai été assez heureux pour admirer l'éclat de ses éminentes vertus, et sentir quelque chose des suaves parfums qu'elles exhalaient autour de lui. Car, pouvait-on approcher de lui, pouvait-on le voir, sans être touché, attiré, et comme entraîné par cette douceur toute angélique, par cette humilité si profonde, par cette charité merveilleuse ; par tout cet ensemble de vertus qui faisaient de lui un saint prêtre visiblement prédestiné, et une copie vivante du Sauveur lui-même ? »

En 1832, M. Perboyre apprit la mort de son frère Louis qui avait rendu sa belle âme à Dieu, sur la route de la Chine ; le Bienheureux en éprouva la plus vive douleur, mais cet événement ne fit que confirmer sa vocation de missionnaire. Ses supérieurs ne lui permirent pas encore de réaliser son désir ; ils le rappelèrent à Paris et le mirent à la tête du noviciat de la Congrégation.

Ce fut une bénédiction pour les novices qui eurent sous les yeux un si parfait modèle de la vie religieuse. « Depuis bien des années, j'avais désiré rencontrer un saint, dit l'un d'eux ; en voyant M. Perboyre, il me sembla que Dieu avait exaucé mes désirs. J'avais dit plusieurs fois : Vous verrez que M. Perboyre sera canonisé. »

M. Perboyre ne se doutait guère des sentiments de vénération qu'il inspirait ; il se considérait lui-même comme « la balayure de la maison ».

Quel était le secret de l'immense influence qu'exerçait sur les âmes ce jeune prêtre si humble, si ennemi de la singularité et de l'ostentation ? On le trouve dans ces deux maximes, règles de sa conduite : « On ne fait du bien dans les âmes que par la prière. » — « Dans tout ce que vous faites, ne travaillez qu'à plaire à Dieu ; sans cela vous perdriez votre temps et vos peines. »

MISSIONNAIRE

Le Bienheureux était d'une santé fort délicate, aussi ses supérieurs n'osaient pas céder à ses désirs d'aller en Chine. Enfin il fit une fervente neuvaine à la Sainte Vierge, et la permission tant désirée fut accordée.

Il s'embarqua au Havre le 21 mars 1835; le 29 avril il était à Macao.

Seize mois après son départ du Havre, il arriva à la résidence des missionnaires lazaristes de Nan-Yan-Fou, province du Honan. Cette province avait déjà eu un illustre martyr lazariste, le vénérable Clet (1), immolé en 1820. Le bienheureux Perboyre resta deux ans dans le Honan, puis il fut appelé à évangéliser le Hou-pé. Il se multiplia pendant ces quelques années d'apostolat, sans aucun égard pour sa santé si débile; l'éclat de ses vertus secondait puissamment sa parole, tous le regardaient comme un homme de Dieu, aussi ses travaux furent-ils bénis.

Mais voici l'heure du sacrifice; Dieu en fait sentir les approches à sa victime de choix en lui communiquant quelque chose des angoisses du Jardin des Olives. Il lui retire ses lumières intérieures et le laisse plongé pendant plusieurs mois dans la désolation. Comme autrefois saint François de Sales, le Bienheureux se croit réprouvé. Le crucifix est muet à son cœur, ou plutôt il n'y lit que des signes de réprobation. Chaque fois qu'il célèbre les divins mystères, il se

(1) A été béatifié le 27 mai 1900.

croit un second Judas. Ces souffrances intérieures altèrent sa santé d'ailleurs si frêle ; il
aurait infailliblement succombé si Dieu n'eût
mis un terme à cette épreuve.

Le divin Maître apparaît à son serviteur
attaché à la croix, et lui dit : « Que crains-tu ?
Ne suis-je pas mort pour toi ? Mets tes doigts
dans mes plaies et cesse de craindre ta
damnation. » La vision disparaît, et les ter-
reurs font place à la paix la plus délicieuse.
Le Bienheureux avait reçu une assurance de
son salut et un présage de son martyre.

MARTYR

Le 15 septembre 1839, M. Perboyre et
M. Baldus, son confrère, se trouvaient à
leur résidence de Thu-Yuen-Keou. Tout à
coup, on accourt leur annoncer qu'un grand
nombre de satellites, conduits par plusieurs
mandarins, viennent les arrêter. Ils n'ont pas
le temps de fuir. Les mandarins incendient la
résidence, maltraitent les chrétiens et en
arrêtent un certain nombre. Le Bienheureux
erre pendant deux jours pour échapper aux
satellites qui le poursuivent. Il est accom-
pagné d'un guide chinois. Le second jour il
tombe épuisé de fatigue dans une forêt ; les
soldats arrivent, et, ne connaissant pas le

missionnaire, ils demandent au guide s'il ne l'aurait pas vu.

— Combien donnera-t-on à celui qui le livrera ? demande le misérable.

— Trente taëls.

— Eh bien ! le voici.

Aussitôt arrêté et garrotté, M. Perboyre est mis en demeure de déclarer la retraite de ses confrères ; sur son refus, on le meurtrit de coups, on le dépouille de ses vêtements et on le conduit au mandarin.

Celui-ci lui ayant rendu ses vêtements le fait suspendre par les mains à une potence, mais craignant que le missionnaire, vu son extrême faiblesse, ne succombe bientôt, il le fait asseoir et lier sur une banquette. Comme le divin Maître attaché à sa colonne, le Bienheureux sert de jouet à ses bourreaux.

Le lendemain, on le conduisit chargé de chaînes à la ville de Cou-Tching. Il tombait d'épuisement. Dieu lui accorda un Simon le Cyrénéen ; un païen nommé Liéou, touché de compassion, paya une litière pour le porter jusqu'à Cou-Tching.

Le Bienheureux rendit ce bienfait après son martyre ; il apparut au bon Liéou pendant une maladie et lui obtint la grâce de la foi et d'une mort chrétienne.

A Cou-Tching, il resta trente-trois jours en prison ; les juges se montrèrent assez humains. Le missionnaire confessa qu'il était prêtre de Jésus-Christ et qu'il ne renoncerait jamais à sa foi. Aux questions sur les autres missionnaires et les chrétiens, il répondit simplement : « Ici, je ne connais que moi. »

On le conduit à Siang-Yang-Fou. Devant le tribunal, le Bienheureux déclare avec fermeté qu'il est venu en Chine prêcher la foi chrétienne. Le juge l'accable de menaces, d'insultes et de soupçons. On inflige à ce prêtre très pur les tortures les plus humiliantes qu'il pût redouter.

On avait saisi différents objets servant au culte sacré ; le mandarin les fait apporter et ordonne au confesseur de lire dans le missel et de revêtir les ornements sacerdotaux, afin de le tourner en dérision. Il le menace de toutes sortes de supplices s'il ne renonce à la foi chrétienne ; le Bienheureux reste calme au milieu des injures et des menaces.

Le lendemain, deuxième interrogatoire ; le confesseur demeure quatre heures agenouillé sur des chaînes de fer, les genoux nus. Quinze jours après il comparaît devant le tribunal supérieur. Le nouveau juge, exaspéré de sa constance inébranlable, le fait agenouiller sur une chaîne, puis suspendre au *hang-tsé*, machine placée au-dessus du patient, à laquelle sont attachés les pouces réunis des deux mains, et la queue formée des cheveux de la tête. Le supplice dura quatre heures ; pour augmenter ces souffrances atroces, un satellite saisissait le patient par la chevelure et le secouait violemment.

Dix jours après, nouvel interrogatoire, nouvelles sommations de renier la foi. L'héroïque missionnaire reçoit sur la figure quarante coups d'une sorte de semelle composée de trois épaisseurs de gros cuir ; sa figure enflée n'a plus aucune apparence humaine ; le mandarin le fait encore attacher une demi-heure à la terrible machine *hang-tsé*. Au milieu de toutes ces affreuses tortures, l'athlète de Jésus-Christ, digne de son maître, ne profère pas un cri de douleur ; les assistants ne cachent pas leur étonnement et peuvent à peine retenir leurs larmes.

Peu de temps après, le captif fut conduit, avec dix chrétiens confesseurs de la foi, à Ou-Tchang-Fou, capitale du Houpé, éloignée de 140 lieues. Ils avaient les fers au cou, aux mains et aux pieds. Ils furent jetés dans une prison peuplée de scélérats familiarisés avec tous les crimes, et infectée de la plus horrible vermine qu'engendrait la malpropreté. Tous les soirs on enfermait un pied du captif dans une espèce d'étau en bois, fixé à la muraille ; son pied ne tarda pas à tomber en pourriture et un de ses orteils se dessécha entièrement.

A Ou-Tchang-Fou, on s'ingénia à le torturer sans le faire mourir. Une fois, on le fit placer les genoux nus sur des chaînes de fer, ayant les mains élevées et chargées d'une forte pièce de bois qu'il lui fallut soutenir depuis neuf heures du matin jusqu'au soir; lorsque ses bras fléchissaient, des satellites le frappaient rudement. Dans une autre séance, le mandarin ordonna aux chrétiens captifs de lui cracher à la figure, de le maudire, de le frapper; cinq eurent la lâcheté d'apostasier et d'obéir, mais l'un d'eux s'approcha respectueusement du martyr et lui prit un cheveu qu'il garda comme une relique.

On le présenta enfin au vice-roi, véritable tigre, qui s'était fait une réputation de férocité dans tout l'empire et ennemi acharné des chrétiens. Le serviteur de Dieu déclare qu'il est prêtre catholique; il confesse sa croyance avec simplicité et énergie. Le vice-roi ordonne de le suspendre par les cheveux pendant plusieurs heures. Une autre fois il le fait attacher à une sorte de croix pendant la plus grande partie de la journée. Avec une pointe de fer on grave sur le front du martyr les mots : *secte abominable*. Tantôt on l'élève en l'air et on le laisse retomber de tout son poids, tantôt on le suspend par les cheveux, les bras en croix ; tantôt on lui place sur les mollets un soliveau, sur lequel deux hommes viennent se balancer ; en un mot on lui rompt les membres de mille manières. Au milieu de ses tourments épouvantables, le Saint conserve un calme parfait et sur son visage resplendit la joie de son cœur.

Aux tortures physiques s'ajoutent les tortures morales. Voici qu'on jette un crucifix devant le martyr :

« Foule aux pieds le Dieu que tu adores et je te rends la liberté », lui crie le mandarin.

— Oh ! s'écria le martyr tout en larmes, comment pourrais-je faire cette injure à mon Dieu, mon créateur et mon sauveur ! et se baissant péniblement il saisit la sainte image, la presse sur son cœur, la colle sur ses lèvres. Un satellite la lui arrache et la profane d'une manière horrible. Le martyr pousse un cri profond, écho d'une douleur immense. Les bourreaux lui administrent aussitôt cent dix coups de bâton. Le juge le fait revêtir des habits sacerdotaux, et les satellites de s'écrier : « Il est le Dieu vivant. »

Le vice-roi, stupéfait du calme invincible de sa victime, au milieu des tourments les plus épouvantables, prétendait qu'il avait un charme ; pour détruire ce charme, on égorge un chien, le confesseur doit boire du sang de l'animal immonde.

Le lendemain, séance plus atroce ; tous les supplices y passent. De guerre lasse, le tigre se précipite lui-même sur sa victime et lui décharge des coups terribles et multipliés. Le bienheureux Perboyre n'avait plus qu'un souffle de vie.

Le vice-roi est vaincu ; il condamne l'héroïque martyr à mourir étranglé.

En Chine, l'empereur seul a le droit de donner l'ordre d'exécuter le condamné ; il fallut attendre cet ordre pendant neuf mois. Neuf mois de séjour dans cette horrible prison ! Le Bienheureux, par sa douceur et sa patience, gagna les cœurs de ses geôliers et même des scélérats enfermés avec lui. Il put donc jouir d'un calme relatif et recevoir la visite d'un certain nombre de chrétiens, il se confessa à un prêtre lazariste chinois, mais il n'eut pas le bonheur de recevoir son Dieu dans l'Eucharistie.

Enfin, un courrier apporte la ratification de la sentence de mort. Immédiatement le martyr est enlevé de sa prison et, comme son divin Maître, conduit au supplice avec des voleurs, nu-pieds, les mains attachées derrière le dos, portant sur la tête sa sentence de mort. Deux satellites l'entraînent au galop au lieu du supplice, au bruit des cym-

bales et sous les regards d'une multitude ter-
rifiée par cet appareil sinistre. Le Bienheureux,
par un véritable miracle, avait recouvré ses
forces ; ses plaies ne paraissaient plus, son
visage était beau et resplendissant. Tout le
monde criait au prodige, tout le monde était
ému, tout le monde plaignait le bon missionnaire.

On exécute d'abord sept criminels, tandis
que le martyr se recueille à genoux. Enfin,
le voici attaché à un gibet disposé en forme
de croix. Ses deux mains ramenées sur le
dos, liées à la pièce transversale, les deux
pieds liés par derrière, il est suspendu à
genoux à quelques pouces au-dessus de
terre. Première et vigoureuse torsion, et le
bourreau lâche la corde, comme pour donner
au mourant le temps de se reconnaître et de
bien sentir la mort. Nouvelle torsion, nouvel
arrêt. Enfin, au troisième coup, la pression
doit être décisive ; mais le corps paraît conserver un reste de vie ; un satellite lui porte
un vigoureux coup de pied dans le ventre
et le martyr a cessé de souffrir ; Dieu a
reçu dans son sein cette âme héroïque qui
l'a tant aimé. C'est l'heure de l'éternel
triomphe.

LE TRIOMPHE

Dieu glorifie aussitôt son serviteur. Une croix, grande, lumineuse, et très régulièrement dessinée, apparaît dans les cieux. Elle est aperçue par un grand nombre de fidèles et de païens, habitant des lieux très éloignés les uns des autres.

Le corps du Bienheureux resta vingt-quatre heures suspendu à la croix. Tandis que les corps des autres suppliciés, horriblement contractés, présentaient un spectacle hideux, celui du martyr avait une beauté, une sérénité qui frappaient d'étonnement tous les spectateurs : les membres avaient conservé leur souplesse ; les yeux modestement baissés, la bouche fermée, le teint vermeil, tout indiquait le sommeil d'un saint. Les chrétiens ensevelirent ses restes glorieux sur le versant de la montagne Rouge, à côté de ceux du vénérable Clet.

Frappés de ces prodiges, et, grâce sans doute à l'intercession du Bienheureux, beaucoup de païens se convertirent. Quant aux mandarins qui l'avaient torturé, ils périrent bientôt misérablement.

Il convient d'associer dans une commune admiration, à un tel héros de la foi, ses dignes parents. Quand on leur apprit le glorieux trépas de leur enfant : « Pourquoi hésiterais-je, répondit cette mère chrétienne au milieu de ses larmes, à faire à Dieu le sacrifice de mon fils ? La Sainte Vierge n'a-t-elle pas généreusement sacrifié le sien pour mon salut ? D'ailleurs, je ne croirais pas aimer véritablement mon fils si je m'affligeais, il est maintenant au comble de ses vœux. »

Un demi-siècle ne s'était pas écoulé, que le souverain pontife Léon XIII proclamait la gloire du BIENHEUREUX devant des milliers de travailleurs français, accourus pour manifester leur dévouement au vicaire de Jésus-Christ, et assister au triomphe de l'enfant du modeste laboureur cadurcien.

Bienheureux martyr, conservez la foi de ses pères à la France, votre patrie !

(Notice extraite de la *Vie des Saints*, publiée par la Maison de la Bonne Presse.)

LITANIES

EN L'HONNEUR DU

BIENHEUREUX JEAN-GABRIEL PERBOYRE

Seigneur, ayez pitié de nous.
Jésus-Christ, ayez pitié de nous.
Seigneur, ayez pitié de nous.
Jésus-Christ, écoutez-nous
Jésus-Christ, exaucez-nous.
Père céleste, qui êtes Dieu, ayez pitié de nous.
Fils, Rédempteur du monde, qui êtes Dieu, ayez pitié de nous.
Esprit-Saint, qui êtes Dieu, ayez pitié de nous.
Sainte Trinité, qui êtes un seul Dieu, ayez pitié de nous.
Sainte Marie, priez pour nous.
Saint Joseph, priez pour nous.
Saint Vincent de Paul, priez pour nous.
Bienheureux Jean-Gabriel, priez pour nous.
B. J.-G., glorieux disciple de saint Vincent, priez pour nous.
B. J.-G., héroïque martyr de Jésus-Christ,
B. J.-G., qui dès votre enfance avez suscité de grandes espérances,
B. J.-G., qui dans votre adolescence vous êtes fait remarquer par une admirable piété,

B. J.-G., qui vous êtes élevé jusqu'à l'amour enflammé de Dieu,

B. J.-G., qui, dans la célébration des saints Mystères, montriez une attitude céleste,

B. J.-G., qui, un jour d'angoisse, avez été réconforté par Jésus lui-même dans une céleste vision,

B. J.-G., qui, pour former la jeunesse à la piété, vous êtes fait de cœur la forme du troupeau,

B. J.-G., qui, après une longue attente, êtes parti plein de joie pour la Chine,

B. J.-G., qui vous êtes joyeusement dépensé pour gagner les âmes à Jésus-Christ,

B. J.-G. qui dans vos tortures avez eu de merveilleuses ressemblances avec Jésus-Christ,

B. J.-G., qui avez été vendu trente pièces d'argent par un de vos disciples,

B. J.-G., qui avez défendu à un autre de vos disciples de vous protéger de son glaive,

B. J.-G., qui vous êtes offert de vous-même à vos ennemis,

B. J.-G., qui devant les juges avez confessé la foi avec constance,

B. J.-G., qui avez été accablé par la populace d'injures et d'opprobres.

B. J.-G., qui pour avoir gardé le silence devant le tribunal, avez été frappé de soufflets,

B. J.-G., qui avez été déchiré à coups de fouets,

B. J.-G., qui avez été traîné au dernier supplice avec des criminels,

B. J.-G., qui avez été attaché à une potence en forme de croix,

B. J.-G., qui avez été prédestiné de Dieu pour retracer l'image de son Fils,

B. J.-G., qui, après une vie innocente, avez rem-
  porté la palme du martyre,
B. J.-G., qui triomphez glorieux dans le Ciel,
Agneau de Dieu, qui effacez les péchés du monde,
  pardonnez-nous, Seigneur.
Agneau de Dieu, qui effacez les péchés du monde,
  exaucez-nous, Seigneur.
Agneau de Dieu, qui effacez les péchés du monde,
  ayez pitié de nous.
  ℣. Priez pour nous, Bienheureux Jean-Gabriel.
  ℟. Afin que nous devenions dignes des promesses
de Notre-Seigneur Jésus-Christ.

PRIONS

Seigneur Jésus-Christ, vous à qui votre Bienheureux Martyr Jean-Gabriel doit l'éclat que lui ont acquis, au milieu du peuple chinois, l'innocence de sa
vie, ses travaux apostoliques et sa merveilleuse participation à votre Croix ; accordez-nous, nous vous
en supplions, d'imiter les exemples de foi, de charité
et de patience qu'il nous a donnés, et, par là, de
mériter d'être associés à sa gloire. Vous qui, étant
Dieu, vivez et régnez avec Dieu le Père, en l'unité
du Saint-Esprit, dans les siècles des siècles. Ainsi
soit-il.

IMPRIMATUR :

Virduni, die 15 Octob. 1898. THOMAS, *vic. gén.*

PRIÈRE INDULGENCIÉE

AU BIENHEUREUX J.-G. PERBOYRE

Angélique martyr de la Chine, Bienheureux Jean-Gabriel, du sein de la gloire qui vous environne, daignez abaisser sur la terre un regard compatissant et le diriger ensuite avec supplication vers le Roi des martyrs, dont vous avez si bien retracé la vie, la passion et la mort.

Priez-le de glorifier son Vicaire, de pacifier son Église, de rendre prospère votre Congrégation ; priez-le de donner à vos chers Chinois, aux infidèles et aux hérétiques, la vraie religion ; aux pécheurs, la conversion ; aux justes, la persévérance.

Venez, oh ! venez à notre secours et protégez-nous. Au milieu d'un monde corrompu, persécuteur et apostat, aidez-nous à vivre purs, patients et toujours fermes dans la foi de l'Église romaine, afin que nous puissions, à votre exemple, être conformes à Jésus-Christ crucifié et concevoir l'heureuse espérance d'arriver avec vous à l'aimer et à être réunis à Lui dans le ciel. Ainsi soit-il.

S. S. Léon XIII, par un rescrit du 31 octobre 1889, a accordé à cette prière une indulgence de deux cents jours, à gagner une fois par jour.

CANTIQUE

EN L'HONNEUR DU

Bienheureux J.-Gabriel PERBOYRE

CHŒUR

Salut, noble martyr, nous célébrons ta gloire,
Salut, toi le héros de notre divin roi,
Salut, fils de Vincent, ô bienheureux Perboyre,
Nous voulons tous à ta mémoire,
Redire un chant d'amour, d'espérance et de foi.
(bis)

STROPHES

Pro lege Dei sui certavit usque ad mortem.

1

Toi qui pour Dieu, sur un nouveau Calvaire,
Versas tes pleurs, tes sueurs et ton sang,
Du haut du ciel, entends notre prière,
O glorieux enfant de saint Vincent.

II

Sous les regards de la Vierge très pure,
Tu rappelas les doux traits de Jésus.
Mets sur nos fronts pour céleste parure,
La modestie et les chastes vertus.

III

Du Rédempteur, tu fus l'auguste image,
Plein de douceur au milieu des combats ;
Accorde-nous d'imiter ton courage
Pour triompher des luttes d'ici-bas.

IV

Tu supportas la douleur bien amère
D'être trahi par un nouveau Judas ;
La chaîne au cou, noble et généreux frère,
Tu fus traîné par d'inhumains soldats.

V

Comme Jésus, de prétoire en prétoire,
Dans les cachots, parmi les malfaiteurs ;
Comme Jésus, ô bienheureux Perboyre,
Tu pardonnas à tes persécuteurs.

VI

Comme au Sauveur, à ta lèvre pâlie
On présenta le vinaigre et le fiel,
Sans murmurer, tu bus jusqu'à la lie,
Et ton regard s'éleva vers le ciel.

VII

Par ta bonté, ta douceur et ton calme,
De tes bourreaux tu fis l'étonnement ;
Tu n'opposas pour mériter la palme,
Que ton silence à leur acharnement.

VIII

En vain sur toi s'épuisa la menace,
Ton cœur jamais ne se laissa troubler ;
Ferme en ta foi, soutenu par la grâce,
Tu sus braver les tourments sans trembler.

IX

Et si ta voix, avant que de s'éteindre,
Un dernier cri laisse encore exhaler,
C'est pour bénir, ce n'est pas pour te plaindre
De ces cruels pressés de t'immoler.

X

O saint apôtre, en l'arène sanglante,
Tout épuisé, si ton corps succomba,
Toujours à Dieu, ton âme si vaillante
Resta fidèle en ce dernier combat.

XI

Les flots de sang dont ta dépouille est teinte
Disent assez combien tu fus constant.
S'il le fallait, nous saurions tous sans crainte,
Mourir pour Dieu, lui donner notre sang.

XII

O Bienheureux, nous voulons d'âge en âge,
De tes vertus conserver le trésor ;
Nous t'honorons, et ce saint héritage
Fera germer des fruits longtemps encor.

CANTIQUE NOTÉ
EN L'HONNEUR DU B. JEAN-GABRIEL PERBOYRE

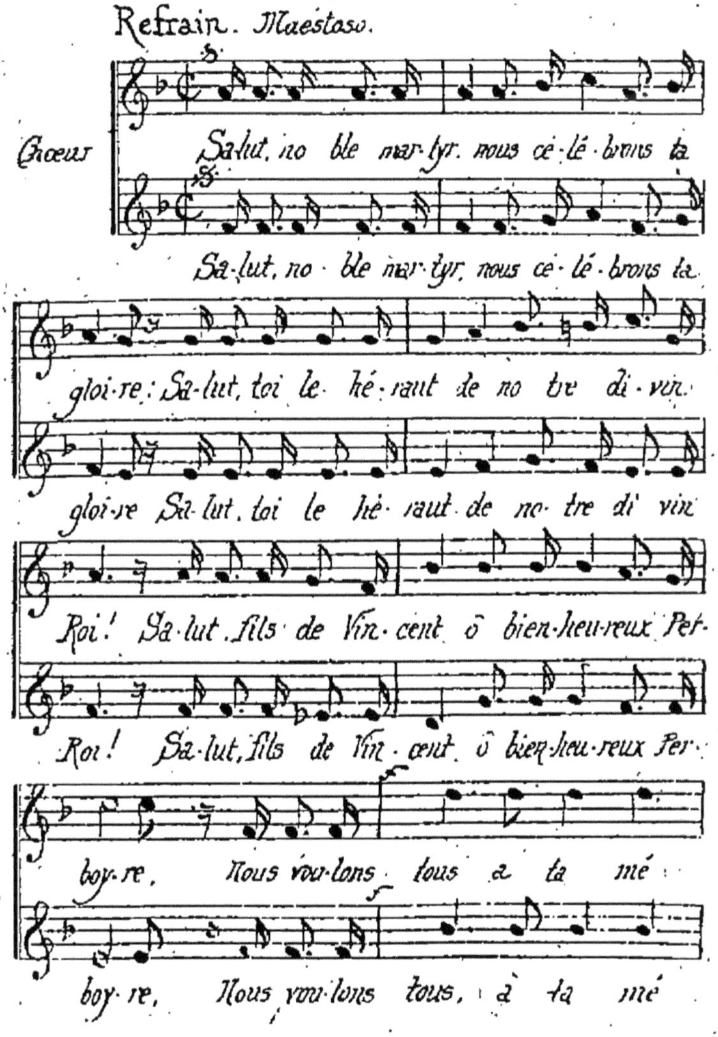

moi-re. Re-dire un chant dá-mour, d'és-pé-ran - ce et de
moi-re. Re-dire un chant dá-mour, d'és-pé-ran - ce et de
foi, dá-mour, d'és-pé-ran - ce et de foi.
foi, dá-mour, d'és-pé-ran - ce et de foi.
STROPHES
Toi qui pour Dieu sur un nou-veau cal-vai-re, Ver- sas tes
pleurs, tes su-eurs et ton sang, Du haut du
ciel, en-tends no-tre pri-è-re, O glo-ri-
eux en-fant de Saint Vin - cent

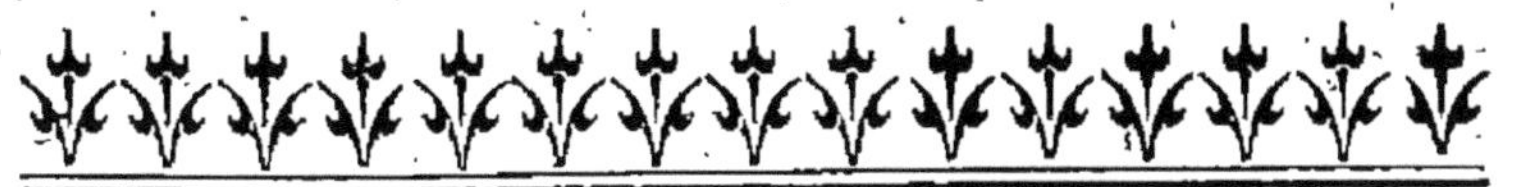

PRIÈRES DU MATIN

La prière du matin est un devoir que Dieu exige comme les prémices de la journée. Le remplir fidèlement, c'est assurer le succès des actions qui vont suivre ; le négliger est la marque d'un cœur indifférent et ingrat.

† Au nom du Père, et du Fils et du Saint-Esprit. Ainsi soit-il.

Mettons-nous en la présence de Dieu et adorons son saint Nom.

Très sainte et très auguste Trinité, Dieu seul en trois personnes, je crois que vous êtes ici présent. Je vous adore avec les sentiments de l'humilité la plus profonde, et je vous rends de tout mon cœur les hommages qui sont dus à votre souveraine Majesté.

Remercions Dieu des grâces qu'il nous a faites, et offrons-nous à lui.

Mon Dieu, je vous remercie très humblement de toutes les grâces que vous m'avez faites jusqu'ici. C'est encore par un effet de votre bonté que je vois ce jour ; je veux aussi l'employer uniquement à vous servir ; je vous en consacre toutes les pensées, les paroles, les actions et les peines. Bénissez-les, Seigneur, afin qu'il n'y en ait aucune qui ne soit animée de votre amour, et qui ne tende à votre plus grande gloire.

Formons la résolution d'éviter le péché et de pratiquer la vertu.

Adorable Jésus, divin modèle de la perfection à laquelle nous devons aspirer, je vais m'appliquer, autant que je le pourrai, à me rendre semblable à vous : doux, humble, chaste, zélé, patient, charitable et résigné comme vous ; et je ferai particulièrement tous mes efforts pour ne pas retomber aujourd'hui dans les fautes que je commets si souvent, et dont je souhaite sincèrement de me corriger.

Demandons à Dieu les grâces qui nous sont nécessaires.

Mon Dieu, vous connaissez ma faiblesse ; je ne puis rien sans le secours de votre grâce : ne me la refusez pas, ô mon Dieu ! proportionnez-là à mes besoins ; donnez-moi assez de force pour éviter tout le mal que vous me défendez, pour pratiquer tout le bien que vous attendez de moi, et pour souffrir patiemment toutes les peines qu'il vous plaira de m'envoyer.

Oraison dominicale.

Pater noster qui es in cœlis : Sanctificetur nomen tuum : Adveniat regnum tuum : Fiat voluntas tua, sicut in cœlo et in terra : Panem nostrum quotidianum da nobis hodie : Et dimitte nobis debita nostra, sicut et nos dimittimus debitoribus nostris ; Et ne nos inducas in tentationem ; Sed libera nos a malo. Amen.

Salutation angélique.

Ave, Maria, gratia plena : Dominus tecum ; benedicta tu in mulieribus, et benedictus fructus ventris tui, Jesus.

Sancta Maria, Mater Dei, ora pro nobis peccatoribus, nunc et in hora mortis nostræ. Amen.

Symbole des Apôtres.

Credo in Deum, Patrem omnipotentem, Creatorem cœli et terræ ; et in Jesum Christum Filium ejus unicum, Dominum nostrum ; qui conceptus est de Spiritu sancto, natus ex Maria Virgine ; passus sub Pontio Pilato, crucifixus, mortuus et sepultus ; descendit ad inferos, tertia die resurrexit a mortuis ; ascendit ad cœlos ; sedet ad dexteram Dei Patris omnipotentis ; inde venturus est judicare vivos et mortuos.

Credo in Spiritum sanctum, sanctam Ecclesiam catholicam, Sanctorum communionem, remissionem peccatorum, carnis resurrectionem, vitam æternam. Amen.

Confession des péchés.

Confiteor Deo omnipotenti, beatæ Mariæ semper Virgini, beato Michaeli Archangelo, beato Joanni Baptistæ, sanctis Apostolis Petro et Paulo, omnibus Sanctis, quia peccavi nimis cogitatione, verbo et opere ; mea culpa, mea culpa, mea maxima culpa. Ideo precor beatam Mariam semper Virginem, beatum Michaelem Archangelum, beatum Ioannem Baptistam, Sanctos Apostolos Petrum et Paulum, omnes Sanctos, orare pro me ad Dominum Deum nostrum.

Misereatur nostri omnipotens Deus, et dimissis peccatis nostris, perducat nos ad vitam æternam. Amen.

Indulgentiam, absolutionem et remissionem peccatorum nostrum tribuat nobis omnipotens et misericors Dominus. Amen.

*Invoquons la sainte Vierge, notre bon Ange
et notre saint Patron.*

Sainte Vierge, Mère de Dieu, ma mère et ma patronne, je me mets sous votre protection, et je me jette avec confiance dans le sein de votre miséricorde. Soyez, ô Mère de bonté, mon refuge dans mes besoins, ma consolation dans mes peines et mon avocate auprès de votre adorable Fils, aujourd'hui, tous les jours de ma vie, et particulièrement à l'heure de ma mort.

Ange du ciel, mon fidèle et charitable guide, obtenez-moi d'être si docile à vos inspirations et de régler si bien mes pas que je ne m'écarte en rien de la voie des commandements de mon Dieu.

Grand Saint dont j'ai l'honneur de porter le nom, protégez-moi, priez pour moi, afin que je puisse servir Dieu comme vous l'avez servi sur la terre, et le glorifier éternellement avec vous dans le ciel. Ainsi soit-il.

Commandements de Dieu.

1. Un seul Dieu tu adoreras
   Et aimeras parfaitement.
2. Dieu en vain tu ne jureras,
   Ni autre chose pareillement.

3. Les dimanches tu garderas
   En servant Dieu dévotement.
4. Tes père et mère honoreras,
   Afin de vivre longuement.
5. Homicide point ne seras
   De fait ni volontairement.
6. Luxurieux point ne seras
   De corps ni de consentement.
7. Le bien d'autrui tu ne prendras
   Ni retiendras à ton escient.
8. Faux témoignage ne diras,
   Ni mentiras aucunement.
9. L'œuvre de chair ne désireras
   Qu'en mariage seulement.
10. Biens d'autrui ne convoiteras
    Pour les avoir injustement.

Commandements de l'Église.

1. Les fêtes tu sanctifieras
   Qui te sont de commandement.
2. Les dimanches messe ouïras
   Et les fêtes pareillement.
3. Tous tes péchés confesseras
   A tout le moins une fois l'an.
4. Ton Créateur tu recevras
   Au moins à Pâques humblement.
5. Quatre-Temps, Vigiles jeûneras,
   Et le Carême entièrement.
6. Vendredi chair ne mangeras,
   Ni le samedi mêmement.

Acte de Foi.

Mon Dieu, je crois fermement tout ce que la sainte Eglise catholique, apostolique et romaine me propose de croire ; je le crois parce que c'est vous, ô Vérité infaillible, qui le lui avez révélé.

Acte d'Espérance.

Mon Dieu, j'espère avec une ferme confiance, fondée sur votre bonté infinie et sur vos promesses, que vous m'accorderez, par les mérites de Jésus-Christ mon Sauveur, la grâce de vous servir fidèlement sur la terre et le bonheur de vous posséder éternellement dans le ciel.

Acte de Charité.

Mon Dieu, je vous aime de tout mon cœur et par-dessus toutes choses, parce que vous êtes infiniment bon et infiniment aimable ; et j'aime mon prochain comme moi-même pour l'amour de vous.

Il est accordé : 1° une indulgence partielle de sept ans et de sept quarantaines à quiconque récite de bouche et de cœur les Actes de Foi, d'Espérance et de Charité ; 2° une indulgence plénière, une fois le mois, pour tous les fidèles qui les auront récités chaque jour du mois, moyennant la confession, la communion et les prières pour l'Eglise.

Litanies du saint Nom de Jésus.

Kyrie, eleison.
Christe, eleison.
Kyrie, eleison.
Jesu, audi nos.
Jesu, exaudi nos.
Pater de cœlis, Deus, miserere nobis.
Fili, Redemptor mundi, Deus,
Spiritus sancte, Deus,
Sancta Trinitas, unus Deus,
Jesu, Fili Dei vivi,
Jesu, splendor Patris,
Jesu, candor lucis æternæ,
Jesu, rex gloriæ,
Jesu, sol justitiæ,
Jesu, Fili Mariæ Virginis,
Jesu amabilis,
Jesu admirabilis,
Jesu, Deus fortis,
Jesu, pater futuri sæculi,
Jesu, magni consilii angele,
Jesu potentissime,
Jesu patientissime,
Jesu obedientissime,
Jesu mitis et humilis corde,
Jesu, amator castitatis,

Jesu, amator noster, miserere nobis.
Jesu, Deus pacis,
Jesu, auctor vitæ,
Jesu, exemplar virtutum,
Jesu, zelator animarum,
Jesu, Deus noster,
Jesu, refugium nostrum,
Jesu, pater pauperum,
Jesu, thesaurus fidelium,
Jesu, bone pastor,
Jesu, lux vera,
Jesu, sapientia æterna,
Jesu, bonitas infinita,
Jesu, via et vita nostra,
Jesu, gaudium Angelorum,
Jesu, rex Patriarcharum,
Jesu, magister Apostolorum,
Jesu, doctor Evangelistarum, miserere nobis.
Jesu, fortitudo Martyrum,
Jesu, lumen Confessorum,
Jesu, puritas Virginum,
Jesu corona sanctorum omnium,
Propitius esto, parce nobis, Jesu.
Propitius esto, exaudi nos, Jesu.

Ab omni malo, libera nos, Jesu.
Ab omni peccato,
Ab ira tua,
Ab insidiis diaboli,
A spiritu fornicationis,
A morte perpetua,
A neglectu inspirationum tuarum,
Per mysterium sanctæ incarnationis tuæ,
Per nativitatem tuam,
Per infantiam tuam,
Per divinissimam vitam tuam,
Per labores tuos,
Per agoniam et passionem tuam,
Per crucem et derelictionem tuam,
Per languores tuos, libera nos, Jesu.
Per mortem et sepulturam tuam,
Per resurrectionem tuam,
Per ascensionem tuam,
Pér gaudia tua,
Per gloriam tuam,
Agnus Dei, qui tollis peccata mundi, parce nobis, Jesu.
Agnus Dei, qui tollis peccata mundi, exaudi nos Jesu.
Agnus Dei, qui tollis peccata mundi, miserere nobis, Jesu.
Jesu, audi nos.
Jesu, exaudi nos.

℣. Confitebimur tibi, Deus. ℟. Et invocabimus nomen tuum.

OREMUS

Domine Jesu, cujus nomen nemo dicere potest, nisi in Spiritu sancto ; concede, quæsumus, ut in eodem Spiritu sacratissimum nomen tuum invocantes, salvos facias a peccatis. Qui vivis et regnas cum Deo Patre, in unitate ejusdem Spiritus sancti Deus. Per omnia sœcula sæculorum. ℟. Amen.

Ou bien : Domine Jesu Christe, qui dixisti : Petite et accipietis ; quærite et invenietis ; pulsate et aperetur vobis ; quæsumus, da nobis petentibus divinissimi tui amoris affectum, ut te toto corde, ore et opere diligamus, et a tua nunquam laude cessemus. Qui vivis et regnas in sœcula sæculorum. ℟. Amen.

Mon Dieu, je vous offre mes pensées, mes paroles et mes actions de cette journée ; daignez les bénir pour qu'elles contribuent à votre gloire et à mon salut éternel.

PRIÈRES DU SOIR

S'il est important de bien commencer la journée, il ne l'est pas moins de la bien finir. Les grâces nouvelles que Dieu nous a accordées pendant le jour, et la protection dont nous avons besoin pour passer la nuit sans danger, sont de nouveaux motifs de prier Dieu.

† Au nom du Père, et du Fils, et du Saint-Esprit. Ainsi soit-il.

Mettons-nous en la présence de Dieu et adorons-le.

Je vous adore, ô mon Dieu, avec la soumission que m'inspire la présence de votre souveraine grandeur. Je crois en vous, parce que vous êtes la vérité même. J'espère en vous parce que vous êtes infiniment bon. Je vous aime de tout mon cœur, parce que vous êtes souverainement aimable, et j'aime le prochain comme moi-même pour l'amour de vous.

Remercions Dieu des grâces qu'il nous a faites.

Quelles actions de grâces vous rendrai-je, ô mon Dieu, pour tous les biens que j'ai reçus de vous? Vous avez songé à moi de toute éternité; vous m'avez tiré du néant; vous avez donné votre vie pour me racheter, et vous me comblez encore tous les jours d'une infinité de faveurs. Hélas! Seigneur, que puis-je faire en reconnaissance de tant de bontés? Joignez-vous à moi, esprits bienheureux, pour louer le Dieu des miséricordes, qui ne cesse de faire du bien à la plus indigne et à la plus ingrate de ses créatures.

Demandons à Dieu de connaître nos péchés.

Source éternelle de lumières, Esprit-Saint, dissipez les ténèbres qui me cachent la laideur et la malice du péché; faites-m'en concevoir une si grande horreur, ô mon Dieu, que je le haïsse, s'il se peut, autant que vous le haïssez vous-même, et que je ne craigne rien tant que de le commettre à l'avenir.

Examinons-nous sur les péchés commis:

Envers Dieu. Omissions ou négligences dans nos devoirs de piété, irrévérences à l'église, distractions volontaires dans nos prières, défaut d'intention, résistance à la grâce, jurements, murmures, manque de confiance et de résignation.

Envers le prochain. Jugements téméraires, mépris, haine, jalousie, désirs de vengeance, querelles, emportements, imprécations, injures, médisances, railleries, faux rapports, dommage aux biens ou à la réputation, mauvais exemple, scandale, manque de respect, d'obéissance, de charité, de zèle, de fidélité.

Envers nous-mêmes. Vanité, respect humain, mensonges, pensées, désirs, discours et actions contraires à la pureté, intempérance, colère, impatience, vie inutile et sensuelle; paresse à remplir les devoirs de notre état.

Me voici, Seigneur, tout couvert de confusion et pénétré de douleur à la vue de mes fautes ; je viens les détester devant vous, avec un vrai déplaisir d'avoir offensé un Dieu si bon, si aimable et si digne d'être aimé. Était-ce donc là, ô mon Dieu, ce que vous deviez attendre de ma reconnaissance, après m'avoir aimé jusqu'à répandre votre sang pour moi ? Oui, Seigneur, j'ai poussé trop loin ma malice et mon ingratitude, je vous en demande très humblement pardon, et je vous conjure, ô mon Dieu, par cette même bonté dont j'ai ressenti tant de fois les effets, de m'accorder la grâce d'en faire, dès aujourd'hui et jusqu'à la mort, une sincère pénitence. Ainsi soit-il.

Faisons un ferme propos de ne plus pécher.

Que je souhaiterais, ô mon Dieu, ne vous avoir jamais offensé ! mais puisque j'ai été assez malheureux que de vous déplaire, je vais vous marquer la douleur que j'en ai par une conduite toute opposée à celle que j'ai gardée jusqu'ici. Je renonce dès à présent au péché et à l'occasion du péché, surtout de celui où j'ai la faiblesse de retomber si souvent, et, si vous daignez m'accorder votre grâce, ainsi que je la demande et que je l'espère, je tâcherai de remplir fidèlement mes devoirs, et rien ne sera capable de m'arrêter quand il s'agira de vous servir. Ainsi soit-il.

Oraison dominicale.

Notre Père, qui êtes aux Cieux : que votre nom soit sanctifié ; que votre règne arrive ; que votre volonté soit faite sur la terre comme au ciel ; donnez-nous aujourd'hui notre pain de chaque jour ; pardonnez-nous nos offenses, comme nous pardonnons à ceux qui nous ont offensés ; et ne nous laissez pas succomber à la tentation ; mais délivrez-nous du mal. Ainsi soit-il.

Salutation angélique.

Je vous salue, Marie, pleine de grâce, le Seigneur est avec vous : vous êtes bénie entre toutes les femmes, et Jésus, le fruit de vos entrailles, est béni.

Sainte Marie, Mère de Dieu, priez pour nous, pauvres pécheurs, maintenant et à l'heure de notre mort. Ainsi soit-il.

Symbole des Apôtres.

Je crois en Dieu, le Père tout-puissant, Créateur du ciel et de la terre ; et en Jésus-Christ, son Fils unique, Notre-Seigneur, qui a été conçu du Saint-Esprit, est né de la Vierge Marie, a souffert sous Ponce-Pilate, a été crucifié, est mort, a été enseveli ; est descendu aux enfers ; le troisième jour est ressuscité d'entre les morts ; est monté aux cieux, est assis à la droite de Dieu le Père tout-puissant, d'où il viendra juger les vivants et les morts.

Je crois au Saint-Esprit, la sainte Église catholique, la communion des Saints, la rémission des péchés, la résurrection de la chair, la vie éternelle. Ainsi soit-il.

Confession des péchés.

Je confesse à Dieu tout-puissant, à la bienheureuse Marie toujours vierge, à saint

Michel Archange, à saint Jean-Baptiste, aux Apôtres saint Pierre et saint Paul, à tous les Saints, que j'ai beaucoup péché par pensées, par paroles et par actions : c'est ma faute, c'est ma faute, c'est ma très grande faute. C'est pourquoi je supplie la bienheureuse Marie toujours Vierge, saint Michel Archange, saint Jean-Baptiste, les Apôtres saint Pierre et saint Paul, tous les Saints, de prier pour moi le Seigneur notre Dieu.

Que le Dieu tout-puissant nous fasse miséricorde, qu'il nous pardonne nos péchés, et nous conduise à la vie éternelle. Ainsi soit-il.

Que le Seigneur tout-puissant et miséricordieux nous donne indulgence, absolution et rémission de tous nos péchés. Ainsi soit-il.

Recommandons-nous à Dieu, à la Sainte Vierge et aux Saints.

Bénissez, ô mon Dieu, le repos que je vais prendre pour réparer mes forces, afin de vous mieux servir. Vierge sainte, Mère de mon Dieu, et après lui mon unique espérance ; mon bon Ange, mon saint patron, intercédez pour moi, protégez-moi pendant la nuit, tout le temps de ma vie et à l'heure de ma mort. Ainsi soit-il.

Prions pour les vivants et les fidèles trépassés.

Répandez, Seigneur, vos bénédictions sur mes parents, mes bienfaiteurs, mes amis, mes ennemis ; protégez tous ceux que vous m'avez donnés pour supérieurs, tant spirituels que temporels ; secourez les pauvres, les prisonniers, les affligés, les voyageurs, les malades et les agonisants ; convertissez les hérétiques, et éclairez les infidèles.

Dieu de bonté et de miséricorde, ayez aussi pitié des âmes des fidèles qui sont dans le purgatoire ; mettez fin à leurs peines, et donnez à celles pour lesquelles je suis obligé de prier le repos et la lumière éternelle.

Ainsi soit-il.

De profundis clamavi ad te, Domine : * Domine, exaudi vocem meam.

Fiant aures tuæ intendentes * in vocem deprecationis meæ.

Si iniquitates observaveris, Domine ; * Domine quis sustinebit ?

Quia apud te propitiatio est, * et propter legem tuam sustinui te, Domine.

Sustinuit anima mea in verbo ejus : * speravit anima mea in Domino.

A custodia matutina usque ad noctem * speret Israel in Domino.

Quia apud Dominum misericordia, * et copiosa apud eum redemptio.

Et ipse redimet Israel, * ex omnibus iniquitatibus ejus.

℣. Requiem æternam dona eis, Domine ;
℟. Et lux perpetua luceat eis.
℣. Requiescant in pace. ℟. Amen.
℣. Domine, exaudi orationem meam ; ℟. Et clamor meus ad te veniat.

OREMUS

Fidelium, Deus omnium Conditor et Redemptor, animabus famulorum famularumque tuarum remissionem cunctorum tribue peccatorum : ut indulgentiam, quam semper optaverunt, piis supplicationibus consequantur. Qui vivis et regnas in secula seculorum. ℟. Amen.

Litanies de la Sainte Vierge.

Kyrie, eleison.
Christe, eleison.
Kyrie, eleison.
Christe, audi nos.
Christe, exaudi nos.
Pater de cœlis, Deus, miserere nobis.
Fili Redemptor mundi, Deus, miserere nobis.
Spiritus sancte, Deus, miserere nobis.
Sancta Trinitas, unus Deus, miserere nobis.
Sancta Maria, ora pro nobis.
Sancta Dei Genitrix.
Sancta Virgo Virginum,
Mater Christi,
Mater divinæ gratiæ,
Mater purissima,
Mater castissima,
Mater inviolata,
Mater intemerata,
Mater amabilis,

Mater admirabilis,
Mater Creatoris,
Mater Salvatoris,
Virgo prudentissima,
Virgo veneranda,
Virgo prædicanda,
Virgo potens,
Virgo clemens,
Virgo fidelis,
Speculum justitiæ,
Sedes sapientiæ,
Causa nostræ lætitiæ,
Vas spirituale,
Vas honorabile,
Vas insigne devotionis,
Rosa mystica,
Turris Davidica,
Turris eburnea,
Domus aurea,
Fœderis arca,
Janua cœli,
Stella matutina,
Salus infirmorum,
Refugium peccatorum,
Consolatrix afflictorum,

Auxilium Christianorum,
Regina Angelorum,
Regina Patriarcharum,
Regina Prophetarum,
Regina Apostolorum,
Regina Martyrum,
Regina Confessorum,
Regina Virginum,
Regina sanctorum om-
nium,
Regina sine labe origi-
nali concepta,
Regina Sacratissimi Ro-
sarii,
Agnus Dei, qui tollis pec-
cata mundi, parce no-
bis, Domine.
Agnus Dei, qui tollis pec-
cata mundi, exaudi nos,
Domine.
Agnus Dei, qui tollis pec-
cata mundi, miserere
nobis.
Christe, audi nos.
Christe, exaudi nos.

℣. Ora pro nobis, sancta Dei Genitrix.
℟. Ut digni efficiamur promissionibus Christi.

OREMUS.

Gratiam tuam, quæsumus, Domine, mentibus nostris
infunde : ut qui, Angelo nuntiante, Christi Filii tui

incarnationem cognovimus, per passionem ejus et crucem ad resurrectionis gloriam perducamur ; Per eumdem Christum Dominum nostrum. Amen.

PRIONS

Nous vous supplions, Seigneur, de visiter cette demeure, et d'en éloigner toutes les embûches de l'ennemi ; que vos Saints Anges y habitent, pour nous conserver en paix, et que votre bénédiction soit toujours sur nous. Par Notre-Seigneur, etc.

Prière à tous les Saints.

Ames très heureuses, qui avez eu la grâce de parvenir à la gloire, obtenez-nous deux choses de celui qui est notre commun Dieu et Père : que nous ne l'offensions jamais mortellement, et qu'il ôte de nous tout ce qui lui déplaît. Ainsi soit-il.

Prière de S. Bernard à la Sainte Vierge.

Memorare, o piissima Virgo Maria, non esse auditum a sæculo quemquam ad tua currentem præsidia, tua implorantem auxilia, tua petentem suffragia, esse derelictum : ego tali animatus confidentia, ad te, Virgo virginum, Mater, curro, ad te venio, coram te gemens assisto ; noli, Mater Verbi, verba mea despicere, sed audi propitia et exaudi.

Ou en français :

Souvenez-vous, ô très douce Vierge Marie, qu'on n'a jamais entendu dire qu'aucun de ceux qui ont eu recours à votre protection, imploré votre assistance et réclamé votre intercession ait été abandonné. Animé d'une pareille confiance, ô Vierge des vierges, et ma tendre Mère, je cours me réfugier auprès de vous, et, gémissant sous le poids de mes fautes, je me prosterne à vos pieds. Veuillez, ô Mère du Verbe, ne point mépriser mes prières, mais écoutez-les favorablement, et daignez les exaucer. Ainsi soit-il.

Prière en se mettant au lit.

In manus tuas, Domine, commendo spiritum meum.

In te, Domine, speravi, non confundar in æternum.

Ou en français :

Seigneur, je remets mon esprit entre vos mains.

J'ai espéré en vous, Seigneur, je ne serai jamais confondu.

RÉPONS DE LA MESSE

LE PRÊTRE. Introibo ab altare Dei.

LE CLERC. Ad Deum qui lætificat juventutem meam.

LE PR. Judica me, Deus, et discerne causam meam de gente non sanctâ ; ab homine iniquo et doloso erue me.

LE CL. Quia tu es, Deus, fortitudo mea ; quare me repulisti, et quare tristis incedo, dum affligit me inimicus ?

LE PR. Emitte lucem tuam, et veritatem tuam : ipsa me deduxerunt, et adduxerunt in montem sanctum tuum, et in tabernacula tua.

LE CL. Et introibo ad altare Dei ; ad Deum qui lætificat juventutem meam.

LE PR. Confitebor tibi in cithara, Deus, Deus meus ; quare tristis es, anima mea ; et quare conturbas me ?

LE CL. Spera in Deo, quoniam adhuc confitebor illi : salutare vultus mei, et Deus meus.

LE PR. Gloria Patri, et Filio, et Spiritui Sancto ;

LE CL. Sicut erat in principio, et nunc, et semper, et in sæcula sæculorum. Amen.

LE PR. Introibo ad altare Dei.

LE CL. Ad Deum qui lætificat juventutem meam.

LE PR. Adjutorium nostrum in nomine Domini.

LE CL. Qui fecit celum et terram.

LE PR. Confiteor Deo... Deum nostrum.

LE CL. Misereatur tui omnipotens Deus, et, dimissis peccatis tuis, perducat te ad vitam æternam.

LE PR. Amen.

LE CL. Confiteor Deo omnipotenti, beatæ Mariæ, semper virgini, beato Michaëli archangelo, beato Joanni Baptistæ, sanctis apostolis Petro et Paulo, omnibus sanctis, et tibi, pater, quia peccavi nimis cogitatione, verbo et opere : meâ culpâ, meâ culpâ meâ maximâ culpâ. Ideo precor beatam Mariam semper virginem, beatum Michaëlem achangelum, beatum Joannem Baptistam, sanctos apostolos Petrum et Paulum, omnes sanctos, et te, pater, orare pro me ad Dominum Deum nostrum.

LE PR. Misereatur vestri omnipotens Deus, et, dimissis peccatis vestris, perducat vos ad vitam æternam.

LE CL. Amen.

LE PR. Indulgentiam, absolutionem, et remissionem peccatorum nostrorum tribuat nobis omnipotens et misericors Dominus.

LE CL. Amen.

LE PR. Deus, tu conversus vivificabis nos ;

LE CL. Et plebs tua lætabitur in te.

LE PR. Ostende nobis, Domine, misericordiam tuam.

LE CL. Et salutare tuum da nobis.

LE PR. Domine, exaudi orationem meam :

LE CL. Et clamor meus ad te veniat.

LE PR. Dominus vobiscum.

LE CL. Et cum spiritu tuo.

LE PR. Kyrie, eleison,

LE CL. Kyrie, eleison,

LE CL. Kyrie, eleison.

LE CL. Christe, eleison.
LE PR. Christe, eleison,
LE CL. Christe eleison.
LE PR. Kyrie, eleison.
LE CL. Kyrie, eleison.
LE PR. Kyrie, eleison.
LE PR. Dominus vobiscum.
LE CL. Et cum spiritu tuo.

Quand le Prêtre dit : Flectamus genua. *Il faut répondre :* Levate.

A la fin de l'Epître, il faut répondre : Deo gratias.

Lorsque le Prêtre a dit : Initium *ou* Sequentia sancti Evangelii...

Il faut répondre : Gloria tibi Domine.

A la fin de l'Evangile, il faut répondre : Laus tibi, Christe..

LE PR. Orate, fratres, ut meum ac vestrum sacrificium acceptabile fiat apud Deum Patrem omnipotentem.

LE CL. Suscipiat Dominus sacrificium de manibus tuis ad laudem et gloriam nominis sui : ad utilitatem quoque nostram, totiusque Ecclesiæ suæ sanctæ.

LE PR. Per omnia secula seculorum.
LE CL. Amen.
LE PR. Dominus vobiscum.
LE CL. Et cum spiritu tuo.
LE PR. Sursum corda.
LE CL. Habemus ad Dominum.
LE PR. Gratias agamus Domino Deo nostro.
LE CL. Dignum et justum est.
LE PR. Per omnia secula seculorum.
LE CL. Amen.

LE PR. Et ne nos inducas in tentationem.

LE CL. Sed libera nos a malo.

LE PR. Pax Domini sit semper vobiscum.

LE CL. Et cum spiritu tuo.

LE PR. Ite Missa est, *ou* Benedicamus Domino.

LE CL. Deo gratias.

Le prêtre, aux Messes pour les défunts, dit :
Requiescant in pace.

LE CL. Amen.

LE PR. Benedicat vos omnipotens Deus, Pater, et
Filius, et Spiritus Sanctus.

LE CL. Amen.

*A la fin du dernier Evangile, il faut toujours
répondre :* Deo gratias.

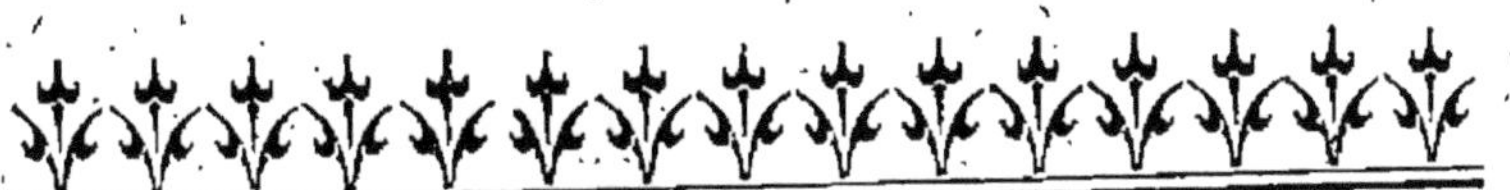

TABLE DES MATIÈRES

PREMIER JOUR

SECOND JOUR

TROISIÈME JOUR

QUATRIÈME JOUR

CINQUIÈME JOUR

SIXIÈME JOUR

SEPTIÈME JOUR

Imprimerie
des
Orphelins-Apprentis
d'Auteuil